DES

MARIAGES

CONTRACTÉS

EN PAYS ÉTRANGERS

D'APRÈS

LES PRINCIPES DU DROIT INTERNATIONAL

ET

DU DROIT CIVIL

PAR

ALBERT VERGER

Vice-Président du Tribunal civil, Membre de l'Académie de Marseille

Ouvrage couronné d'une Médaille d'or par l'Académie de Législation de Toulouse
le 4 mai 1879

DEUXIÈME ÉDITION

REVUE, CORRIGÉE ET AUGMENTÉE

PARIS

LIBRAIRIE DES FACULTÉS DE DROIT

H. CABANON

5, RUE SOUFFLOT (EN FACE L'ÉCOLE DE DROIT)

1883

DES MARIAGES

CONTRACTÉS EN PAYS ÉTRANGERS

DES
MARIAGES

CONTRACTÉS

EN PAYS ÉTRANGERS

D'APRÈS

LES PRINCIPES DU DROIT INTERNATIONAL

ET

DU DROIT CIVIL

PAR

ALBERT VERGER

VICE-PRÉSIDENT DU TRIBUNAL CIVIL

MEMBRE DE L'ACADÉMIE DE MARSEILLE

Ouvrage couronné d'une médaille d'or par l'Académie de Législation
de Toulouse, le 4 mai 1879

DEUXIÈME ÉDITION

Revue, corrigée et augmentée

PARIS

LIBRAIRIE DES FACULTÉS DE DROITS

H. CABANON

5, RUE SOUFFLOT, 5

en face l'École de Droit

—

1883

PRÉFACE

DE LA DEUXIÈME ÉDITION

Les questions qui font l'objet de cet ouvrage sont d'une application pratique assez fréquente et la plupart peu connues. Aussi n'a-t-il pas paru inutile d'en publier une 2ᵉ édition qui a été mise au courant de la législation jusqu'à ce jour.

Il suffit d'examiner la marche des lois étrangères pour constater les nombreuses modifications qui s'opèrent chaque *année* dans les divers Etats de l'Europe et de l'Amérique en ce qui touche l'état civil des citoyens. Elles sont intéressantes à étudier donnant la mesure du mouvement des idées et des progrès de la civilisation qui marquent une forte trace dans l'œuvre des législateurs.

La concordance ou les divergences de ces lois fourniraient matière à plus d'une étude philosophique qui ne serait pas sans profit.

Toutefois ce travail ne pouvait entrer dans le cadre

étroit d'un résumé dont le but était de présenter brièvement les principales questions que fait naître un des actes les plus importants de la vie civile, envisagé dans l'une de ses branches.

Tel qu'il est, nous l'offrons au lecteur avec l'espérance qu'il y trouvera quelque intérêt et peut-être un encouragement à l'étude trop négligée de la loi des autres nations.

A ceux qui nous reprocheraient d'avoir donné peu d'ampleur à la discussion de beaucoup de points délicats, controversés et encore obscurs, nous dirons avec Quintilien : *Scribitur ab narrandum non ad probandum..*

AL. VERGER.

INTRODUCTION

L'accroissement régulier de la population étant l'un des premiers besoins des Etats, il n'est pas surprenant que les législateurs de toutes les nations aient réglé avec sollicitude les conditions du mariage.

Le mariage en effet est la base de la famille et, sous quelque point de vue qu'on l'envisage, à quelque origine qu'on le rattache, il faut reconnaître que cette institution est nécessaire et que son fonctionnement légal est une garantie de tout ordre social.

« La faculté de contracter mariage, disait Portalis « dans l'exposé des motifs (séance du 16 vent. an XI), « n'est pas locale ; elle ne saurait être circonscrite « dans le territoire ; elle est, pour ainsi dire, uni- « verselle comme la nature qui n'est absente nulle « part. »

C'est sous l'empire de cette idée que le Code civil a proclamé le droit appartenant à tout Français de se marier en pays étranger et qu'il a tracé les règles à suivre en pareil cas.

Si, à toutes les époques, cette question a dû appeler l'attention du législateur et entrer dans les prévisions de la loi, l'utilité d'une réglementation n'est-elle pas plus grande encore dans notre siècle ?

En aucun temps en effet les mariages contractés à l'étranger n'ont été plus nombreux. La facilité des communications augmentée par les éclatantes découvertes modernes, les progrès de l'industrie, l'extension du commerce, l'activité de la vie et la désagrégation plus commune de la famille qui en est le résultat, ont établi entre les peuples de plus fréquents rapports.

La France à cet égard est peut-être encore une des nations européennes dont les citoyens, retenus par la douceur du climat, la richesse du sol, les commodités de la vie matérielle, une population moins dense, ont le moins de tendance à l'émigration. Et cependant beaucoup de causes encore appellent le Français hors de son territoire et lui font chercher, loin de la mère patrie, un établissement nouveau mais rarement définitif. L'amour du clocher, l'esprit de famille, les regrets de la patrie absente, le ramènent au pays natal ; il revient toujours avec bonheur s'abriter sous la protection d'une loi dont il ne s'était qu'accidentellement éloigné.

L'une des conditions favorables de cette loi est de faciliter au Français qui choisit une compagne à l'étranger la régularité de cette union.

Notre Code a admis à cet égard le principe le plus large et le plus pratique dans l'exécution. Il abandonne la forme sacramentelle de l'acte pour n'en retenir que les garanties essentielles, parce qu'elles touchent au statut personnel.

Il n'a fait en cela que consacrer les principes du droit international et du droit privé, les combiner dans une sage mesure et donner ainsi au citoyen toutes les facilités compatibles avec une liberté bien entendue, mais limitée par de justes garanties contre l'oubli des lois inéluctables qui régissent la personne civile.

Cette liberté n'a pas toujours existé et les nations anciennes et modernes nous en offrent bien des exemples.

Ainsi, les Israélites ne pouvaient se marier avec des étrangères, et l'on a prétendu même qu'ils ne pouvaient le faire hors de leur tribu.

Le Koran (chap. XXIV) interdit les alliances des fidèles avec les idolâtres.

A Athènes, le mariage n'était permis qu'entre citoyens ou au moins avec des étrangers autorisés à le contracter.

A Rome, le connubium *n'existait primitivement qu'entre citoyens romains. Les Latins et les étrangers ne jouissaient de cette faveur que lorsqu'elle leur avait été expressément concédée (Ulp. Reg. tit. 5, § 3), restriction qui dura jusqu'au règne de Caracalla. La Novelle 117 de Justinien étendit encore cette liberté.*

La loi hindoue ne permet pas aux Indiens d'épouser des femmes qui ne sont pas de leur caste ou de leur nation.

D'après le Code annamite (liv. V, sect. XVI) il est interdit à tout habitant du royaume de contracter mariage avec une femme barbare (Cambodgiens ou Moï), sous peine de cent coups.

En France même, le mariage des nationaux avec les étrangers était soumis à des restrictions.

En effet, les Déclarations des 16 juin et 6 août 1685 défendirent au Français de se marier en pays étranger sans la permission du roi : « à peine, disait l'un de ces « actes, d'être déclaré atteint et convaincu d'infidélité

« *envers Nous et l'Etat, de confiscation de corps et de*
« *biens.* »

Toutefois, la jurisprudence des parlements admettait que ces mariages ne devaient être annulés que lorsqu'on y découvrait le dessein de se soustraire à la rigueur des lois (Merlin, v° Mariage, sect. IV, § 9).

Avant même la promulgation du Code civil, les dispositions de ces ordonnances avaient cessé d'être en vigueur. Elles furent abrogées par le décret du 20 septembre 1792, lequel, considérant le mariage comme un contrat purement civil par application du principe proclamé par la Constitution de 1791, fixa le mode de constatation de l'état civil des citoyens. C'est ce qu'a reconnu un arrêt de la chambre des requêtes du 16 juin 1829, se fondant sur ce que le décret précité avait abrogé toutes les lois contraires à ses dispositions.

Une exception cependant avait survécu, fruit des préjugés fanatiques qui ont, pendant si longtemps, entretenu tant de haines entre des hommes de conditions différentes ; c'est celle concernant la prohibition de mariage entre les blancs et les noirs.

Résultat de l'esclavage auquel la race nègre était condamnée, l'idée de l'infériorité de celle-ci était tellement enracinée que la législation civile l'avait consacrée[1].

De nombreux édits et règlements coloniaux proclament cette prohibition qui avait son effet non seule-

---

[1] Cela n'a rien de surprenant si l'on envisage qu'on a même, pendant longtemps, contesté au noir la qualité d'homme, et que le pape Paul III a dû rendre un bref pour décider que les Indiens et autres peuples d'Amérique devaient être considérés comme tels.

ment aux colonies, mais en France, et qui s'étendait
même aux personnes de sang mêlé.

On doit s'étonner cependant de la voir maintenue
après la promulgation des principes de 1789. Ainsi
une circulaire du Grand Juge, en date du 18 nivôse
an X, rappelait aux officiers de l'état civil de France
que « l'intention du gouvernement est qu'il ne soit
reçu aucun mariage entre des blancs et des négresses,
ni entre des nègres et des blanches. » Le gouvernement
accordait, il est vrai, quelquefois des dispenses relevant
de cet empêchement, et le dernier acte de cette nature
paraît être la décision du 17 avril 1812, par laquelle
un nègre attaché au service de madame Bonaparte était
autorisé à épouser une femme blanche (Locré, tom. IV,
p. 615).

La promulgation du Code civil dans les colonies con-
tenait aussi une restriction à cet égard et laissait subsister les anciens règlements.

Néanmoins la jurisprudence, souvent plus libérale
que la loi, avait toujours tendu à réagir contre la
rigueur des édits ou des habitudes et divers arrêts de
cours d'appel et de cassation, conformes en cela aux
décisions du concile de Trente, ont considéré les édits
de 1685 et 1724 comme constituant un empêchement
simplement prohibitif.

Il était du reste difficile, à moins d'un texte formel,
d'appliquer, en présence du Code civil, cette législation surannée. Elle fut virtuellement abrogée par la
loi du 24 avril 1833, qui rendit la jouissance des droits
civils dans les colonies à toute personne libre ou ayant
acquis légalement la liberté, et enfin par le décret
du 27 avril 1848 abolissant définitivement l'esclavage.

Le principe aussi équitable que libéral de notre Code a porté ses fruits. Il est maintenant universellement consacré par les législations s'inspirant des idées modernes que la France a mises, l'une des premières, en application.

Ainsi la loi espagnole du 18 juin 1870, dans son art. 41, dispose : « Le mariage contracté à l'étranger par « deux Espagnols, ou par un Espagnol et un étranger, « sera valable en Espagne, pourvu que l'on ait observé, « pour sa célébration, les lois établies dans le pays où « il a lieu, pour régulariser la forme extérieure de ce « contrat, et pourvu que les contractants aient été aptes « à le célébrer conformément aux lois espagnoles. »

La constitution fédérale suisse du 29 mai 1874 pose le même principe ; on le retrouve aussi dans la législation de l'Autriche-Hongrie, du Danemark, Norwège, Suède et Russie. Il en est de même en Angleterre. Enfin le Code italien, art. 100, reproduit les dispositions de notre art. 170.

Seul, le Code allemand a maintenu des exceptions en ce qui touche les militaires, les fonctionnaires et les étrangers dont il soumet le mariage à une autorisation préalable du gouvernement. Il déclare toutefois que le défaut d'autorisation est sans effet sur la validité du mariage contracté (L. 25 janvier 1875, art. 38).

Pour déterminer avec certitude à quels principes se rattache la question des mariages accomplis à l'étranger, il faut, avant tout, examiner quelles sont les lois, quel est le droit qui régissent cette institution.

On est d'accord pour reconnaître qu'elle touche également au droit naturel, au droit des gens et au droit civil.

Comme le droit naturel qui est d'ordre divin, l'origine du contrat de mariage remonte à Dieu lui-même ; aussi en trouve-t-on la trace dans tous les âges et dans les religions les plus anciennes, et l'on sait que les lois religieuses se sont longtemps confondues avec les lois civiles sur lesquelles elle avaient, le plus souvent, la prépondérance. Pouvait-il en être autrement dans des pays, tels que Rome, où l'on était grand prêtre en même temps que dictateur, consul ou préteur[1] ?

« Presque toutes les nations, disait M. le procureur « général Dupin, ont fait intervenir la religion dans « un engagement qui a une si grande influence sur « l'avenir et sur la vie entière des époux. »

Comme tous les grands principes sociaux, celui-ci a passé sans difficulté dans les lois positives de chaque Etat, lesquelles ne sont, à vrai dire, que l'application des règles de droit naturel suivant les variétés de temps, de mœurs, de besoins ou les idées dominantes de chaque époque.

Il nous suffira d'énoncer ici cette vérité que quelques théories matérialistes ont pu nier, mais que consacre l'histoire et que nous enseignent les plus élémentaires et les plus nobles instincts de l'humanité. Il serait inutile d'en rechercher la démonstration.

Ce n'est du reste pas sous le rapport religieux que nous avons à examiner le mariage ; c'est la loi positive, la loi écrite qui est aujourd'hui notre règle. Aussi

---

[1] Pour ne citer qu'un exemple de cette prédominance, indiquons que la loi religieuse musulmane annule, sans forme de procès, des actes civils ou commerciaux. « Ainsi sont entachés de nullité et, de plus, coupables lorsqu'ils ont eu lieu au moment de la seconde annonce de la prière solennelle du vendredi, jusqu'à la fin de cette prière, divers actes tels que la vente, la location, une association pour affaires commerciales et autres (*Sidi Khalil*, p. 264).

est-ce dans le droit civil seul que nous avons à l'étudier.

« *Si cette institution remonte au berceau du monde,*
« *si, comme la société elle-même, elle doit sa source à*
« *la nature de l'homme, c'est de la majesté des lois*
« *qu'elle tient sa force et ses plus précieux avantages* »
(*Discours de M. Boutteville au Tribunat. — Séance du*
26 *vent. an XI*).

La loi positive peut-être envisagée à deux points de
vue, suivant qu'elle a trait aux rapports existant de
nation à nation, ou qu'elle ne s'applique qu'aux droits
du citoyen dans sa propre patrie.

Elle prend alors, selon les cas, le nom de droit des
gens ou celui de droit civil.

Nous allons examiner successivement l'un et l'autre.

PRINCIPES

DU

DROIT INTERNATIONAL

ET

DU DROIT CIVIL

CONCERNANT

LES MARIAGES CONTRACTÉS EN PAYS ÉTRANGERS

CHAPITRE PREMIER

PRINCIPES DU DROIT INTERNATIONAL

§ 1. — *Division du droit international. — Ses consé-*
quences.

« Le droit international (*jus gentium*), dit M. Fœ-
« lix (*Traité du droit intern. privé*, chap. 1, § 1), est
« l'ensemble des principes admis par les nations civi-
« lisées et indépendantes, pour régler les rapports qui
« existent ou peuvent naître entre elles et pour déci-
« der les conflits entre les lois et usages divers qui les
« régissent. »

Il se divise en droit public et droit privé.

L'acte du mariage appartient à tous les deux.

Deux puissances, en effet, interviennent dans ce
contrat, la puissance juridique individuelle des con-

tractants pour la formation du contrat, et la puissance publique pour sa constatation ou sa célébration.

Sous ce premier rapport, il tient à ce principe général, admis par l'usage et la convention tacite des nations, que les lois personnelles suivent l'individu et lui sont applicables même lorsqu'il réside en pays étranger, principe proclamé par l'art. 3 du Code civil. C'est ce qu'on est convenu de nommer le *statut personnel*.

Tout ce qui affecte la personne, la rend capable ou incapable de tel ou tel acte, est de l'essence du statut personnel. C'est une loi primordiale qui s'empare de tout citoyen dès sa naissance, devient inhérente à son être, l'enveloppe, le suit partout, au point qu'il ne peut s'en défaire qu'en rejetant la qualité même de citoyen pour se faire régulièrement investir d'une autre nationalité. L'ancien droit rendait l'effet énergique de cette loi personnelle par de vives images : *Personam sequitur sicut umbra, sicut cicatrix in corpore.*

Il n'en est pas de même des formes de l'acte ou du contrat. A cet égard, la loi ne devait pas se montrer intolérante. Comme ces formes ne portent aucune atteinte au droit de contracter, qu'elles ne sont que le signe extérieur de la souveraineté nationale, elles pouvaient varier suivant les usages du pays où le mariage s'accomplit. Une prohibition contraire aurait certainement des inconvénients graves, car, outre que, dans beaucoup de cas, elle serait un véritable obstacle à l'exécution des mariages, elle méconnaîtrait cet autre principe indiscutable : qu'aucun État ne peut affecter ou régler des objets qui se trouvent hors de son territoire ; ce principe se traduit par la maxime *locus regit actum*[1]. De là la nécessité d'autoriser l'emploi des formalités étrangères ou d'obliger les contractants à se marier devant un représentant de l'autorité française. On ne pourrait en effet exiger d'un magistrat étranger l'application d'autres lois que celles de son pays.

C'est par suite de la combinaison de ces deux règles que les art. 47 et 170 du Code civil ont admis que le mariage entre Français et étranger peut être célébré avec les formes usitées dans le pays où il s'accomplit.

Et nous retrouvons le même principe dans la plupart des autres législations.

Ainsi en Allemagne, la règle *locus regit actum* gouverne tous les actes, même ceux de l'état civil. Elle est écrite dans la loi du 6 février 1875, applicable à toute la Confédération et reproduite dans la loi spéciale de chacun de ses Etats. — Celle de Saxe du 5 novembre 1875, art. 10 ; — de la Bavière du 18 octobre 1875 ; — de Wurtemberg du 8 août, et du grand duché de Bade du 9 décembre de la même année.

En Angleterre, une jurisprudence constante admet la validité des mariages contractés par des citoyens anglais en pays étranger lorsqu'ils ont rempli les formalités en usage dans le pays de la célébration, encore que les formalités prescrites par la loi anglaise n'aient pas été observées.

L'art. 54 de la constitution fédérale suisse, du 29 mai 1874, s'exprime ainsi : « Sera reconnu comme va-

---

[1] Le projet du Titre préliminaire du Code civil portait « que la forme des actes serait réglée par les lois du pays où ils seraient faits ou passés. » Cet article fut rejeté à cause de sa rédaction trop absolue : toutefois la jurisprudence en a retenu le principe dans ses solutions.

« lable dans toute la Confédération le mariage conclu
« dans un canton ou à l'étranger conformément à la
« législation qui y est en vigueur. »

Et le Code civil du canton de Glaris, art. 43, dit :
« Le Glaronnais qui, étant domicilié dans un autre
« canton ou à l'étranger, s'y marie en la forme pres-
« crite par la loi du pays, est réputé régulièrement
« marié, si son union ne se heurte à aucun empêche-
« ment matériel posé par la loi glaronnaise. Cette
« union ne peut donc être arguée de nullité par cela
« seul que les formalités extrinsèques prescrites par la
« loi glaronnaise n'ont pas été remplies, par exemple,
« parce que la publication aura été omise. »

Le même principe est écrit, en Espagne, dans la loi
du 18 juin 1870, dans le Code civil italien et dans
beaucoup d'autres lois.

Sans doute un inconvénient pratique peut être la
conséquence de l'emploi des formes étrangères. Il
oblige, a-t-on dit, le juge de chaque Etat, appelé à apprécier la validité d'un mariage contracté à l'étranger,
à connaître la loi de tous les pays. Mais cet obstacle
est plus apparent que réel. Il ne s'agit en effet que
d'une simple question de forme et, à cet égard, il sera
toujours facile à la partie intéressée d'apporter la
preuve de l'accomplissement régulier des formalités et
au juge de s'en assurer par l'examen de la loi ou les
certificats de l'autorité compétente.

C'est ainsi que la législation algérienne, pour éclairer les tribunaux sur la valeur des actes de mariages
ou de répudiations entre Israélites, lorsque l'union
avait été contractée sous l'empire de la loi mosaïque,
prescrivait aux rabbins de donner leur avis écrit sur
les contestations relatives à l'état civil (ord. de 1848,

art. 49). Les tribunaux français trouvaient dans cet avis un guide propre à les éclairer sur les questions spéciales pouvant leur offrir des difficultés.

C'est dans ce sens encore que la Cour de cassation (arrêt du 16 juin 1829) a décidé que, la loi n'ayant pas déterminé la manière de connaître ou d'appliquer les lois ou une jurisprudence étrangères, peuvent se fonder sur le certificat délivré par un évêque étranger, et qu'ils ne sont pas forcés d'ordonner eux-mêmes une information auprès des autorités du pays.

§ 2. — *De la capacité des personnes d'après les lois étrangères.*

Nous avons dit qu'aux termes de l'art. 3 du Code civil, les lois concernant l'état et la capacité des personnes régissent le Français résidant en pays étranger.

Les lois étrangères admettent généralement le même principe, sauf les restrictions établies dans l'intérêt des nationaux pour le cas où des lésions pourraient résulter de contrats passés avec des étrangers.

Ainsi le Code civil d'Autriche dispose que : « la ca- « pacité personnelle des étrangers relativement aux « actes de la vie civile, doit, en général, être jugée « d'après les lois auxquelles l'étranger est soumis, à « moins que les lois n'en aient ordonné autrement dans « des cas particuliers. »

L'art. 6 du Code italien s'exprime ainsi : « L'état et « la capacité des personnes et les rapports de famille « sont réglés par la loi de la nation à laquelle elles « appartiennent. »

Ce n'est, on le voit, que la reproduction de l'idée de notre art. 3.

Elle se retrouve dans la loi fédérale suisse du 24 nov. 1874 (art. 31 et 37), dans l'art. 43 du Code de Glaris, et la loi du canton de Genève du 5 avril 1876, dont l'art. 54 est ainsi conçu : « Si l'époux est étran-« ger, le mariage ne peut être célébré que sur la pré-« sentation d'une déclaration de l'autorité étrangère « constatant que le mariage sera reconnu par elle avec « toutes ses suites légales [1]. »

La loi du 9 décembre 1875 du grand-duché de Bade (art. 24) porte une disposition pareille, qui n'est que la reproduction du principe reconnu par la loi générale de l'empire.

Il en est autrement du Code des Pays-Bas. Après avoir dit que le statut personnel suit le citoyen néerlandais même en pays étranger, il soumet au contraire les étrangers à la loi néerlandaise. « Le droit civil du « royaume, dit l'art. 9 du Code civil, est le même « pour les étrangers que pour les Néerlandais, tant « que la loi n'a pas expressément établi le contraire. »

[1] Pour donner satisfaction au vœu de ces lois, il a été convenu, de concert avec le département des affaires étrangères et celui de la justice, que notre ambassadeur à Berne délivrerait à nos nationaux qui voudraient contracter mariage devant les autorités suisses, l'attestation suivante dont les termes ont été préalablement soumis à l'approbation du Conseil fédéral :

« Nous, ambassadeur de France en Suisse, sur la demande qui nous en a été faite, déclarons qu'il résulte des pièces qui nous ont été présentées,

1º Que M... est Français ;

2º Que les publications à fin de mariage prescrites par la loi française ont été régulièrement faites en France ;

3º Qu'aucune opposition ne s'étant produite, et toutes les formalités légales ayant été accomplies, M... serait admis à contracter mariage en France... Suivent les textes des art. 170, 10 et 12 du Code civil... En foi de quoi... »

Disposition générale qui, on le voit, est en contradiction avec les principes vrais du statut personnel et peut être une cause de trouble dans les rapports des individus avec leur loi propre, lorsque son application devrait en être faite dans leur pays.

Il résulte donc de l'examen de ces diverses lois que le grand principe du statut personnel est universellement adopté en ce qui touche les nationaux, mais qu'il se trouve quelquefois restreint par les lois du pays à l'égard des étrangers.

On ne saurait invoquer, en pareil cas, la réciprocité ; la loi écrite de chaque nation a toute autorité en cette matière.

Nous n'avons pas à examiner ici comment les étrangers sont traités en France à ce point de vue. S'il n'existe pas dans notre Code de texte précis les concernant, l'esprit de la loi résulte aux moins des discussions qui ont eu lieu au conseil d'Etat et au Tribunat sur l'art. 3. Dans l'opinion du législateur, l'état et la capacité des étrangers les suivent en France, et c'est d'après leur loi propre que les tribunaux français doivent les juger.

Cette opinion est partagée par les auteurs, MM. Merlin, Pardessus. Toullier, Fœlix, etc., et elle est sanctionnée par la jurisprudence.

§ 3. *Du statut personnel. — Son application. — Conflit des lois à cet égard.*

La différence entre les lois personnelles et les lois réelles étant admise, de nombreuses difficultés se sont élevées sur la question de savoir auquel de ces deux statuts appartiennent tels ou tels actes de la vie civile.

Ces difficultés proviennent du conflit des législations diverses qui, directement ou indirectement, peuvent influer sur les solutions à donner.

« Le droit positif, dit M. de Savigny[1] n'est pas le même pour l'humanité entière ; il varie avec les peuples et les Etats et, au sein de chaque peuple est l'œuvre en partie des idées générales, en partie de certaines forces spéciales. C'est cette diversité de droits positifs qui rend si nécessaire et si importante la délimitation qui seule permet de prononcer sur les collisions qui peuvent s'élever entre plusieurs droits positifs, au sujet d'un rapport de droit donné. »

On est cependant d'accord sur ce point que le mariage et tout ce qui tient à sa validité intrinsèque, à ses effets et à sa dissolution, ressortissent du statut personnel.

Il faut placer en première ligne la capacité du contractant. Pourrait-on considérer en effet comme régulier le mariage d'une personne qui, d'après sa loi propre, en serait incapable ? Lui suffirait-il de franchir la frontière pour acquérir dans son pays une capacité qu'il n'y avait pas ? Ce serait le renversement du principe tutélaire de la souveraineté appartenant à chaque nation, ce serait modifier, en dehors des règles les plus élémentaires du droit international, une situation qui saisit l'homme dès l'instant de sa naissance et ne l'abandonne qu'avec la perte de la vie ou de sa nationalité.

Tel est le but de la disposition du § 3 de l'art. 3. Il

[1] Traité du Droit Romain. t. VIII.

en résulte : 1° que le mariage contracté en pays étranger par un Français qui ne possèderait pas les conditions de capacité exigées par la loi française serait nul en France, bien qu'il fût valable aux yeux de la loi étrangère ; 2° que le Français ne peut en aucun cas, se prévaloir des dispositions de celle-ci, pour contester sous le rapport de sa capacité, la validité des actes par lui passés à l'étranger.

« L'état de la personne, dit Glück (*Droit privé*, § 17 et 18) est inséparable de la personne elle-même, » et tous les auteurs français et étrangers qui ont écrit sur la matière sont d'accord pour proclamer ce principe.

Comme conséquence de cette règle, il faut admettre que le statut personnel régit :

1° Les conditions d'âge, de parenté, de consentement, etc., qui sont prévues par le chapitre 1er du titre du mariage ;

2° Les causes et les effets de la dissolution du mariage ;

3° La légitimité des enfants et l'admissibilité des preuves reçues en cette matière ;

4° La légitimation des enfants naturels ;

5° La recherche de la paternité ;

6° Les effets de la puissance paternelle.

Tels sont les principaux points qui touchent directement au mariage ou en sont la conséquence nécessaire.

Tous appartiennent à cette catégorie de droits qui forment essentiellement la personne civile et sont la base de la famille ; or, les familles ne sont qu'une fraction, une partie intégrante de l'Etat : isolées, elles en donnent l'image parfaite ; réunies, elles constituent l'Etat lui-même.

Aussi, ces qualités d'époux, de père, d'enfants légitimes ou naturels, sont-elles immuablement fixées par la loi sous l'empire de laquelle le mariage est contracté. Rien ne peut les détruire, les modifier tant que la nationalité subsiste; elles ne disparaissent qu'avec la qualité même de citoyen.

Toutes les nations civilisées tiennent à honneur de sauvegarder ce principe; elles y trouvent leur utilité pour l'ordre public et la garantie de leur souveraineté.

Il convient toutefois de signaler ici une exception que nous relevons dans la loi fédérale suisse du 24 décembre 1874, art. 54, lequel se trouve reproduit à l'art. 135 de la loi du canton de Genève du 5 avril 1876. Il contient une dérogation au principe que nous venons de rappeler. Cet article est ainsi conçu : « Un « mariage contracté à l'étranger sous l'empire de la « législation qui y est en vigueur ne peut être déclaré « nul que lorsque la nullité résulte en même temps de « la législation étrangère et des dispositions de la pré- « sente loi. » On reconnaît par là que le mariage contracté à l'étranger prend quelque chose à la loi de ce pays, et l'on subordonne sa validité aux conditions de cette loi. C'est à coup sûr une nouveauté que l'on pourrait appeler une *internationalisation* civile. Est-ce un progrès politiquement parlant?...

C'est aussi par suite de l'extension d'un principe de droit international touchant l'application du statut personnel que la cour de Genève, dans un arrêt du 21 janvier 1878 (*Gaz. des trib.* du 25 février 1878), a décidé que les tribunaux peuvent, en vertu de la loi française, prononcer la séparation de corps d'un Français marié à Genève, bien que la loi suisse n'autorise pas cette mesure pouvant être considérée comme contraire à l'ordre public relativement à ce pays.

Nous trouvons encore une application spéciale des principes du statut personnel dans un procès saillant relatif aux sujets indiens (affaire Ramastrapoullé). Il s'agissait de savoir si, malgré les prescriptions de la loi indoue, un Indien, sujet français, de Pondichéry, pouvait épouser une esclave affranchie appartenant à une autre nation. Par un arrêt du 16 juin 1852, la Cour de cassation a décidé que : « Bien que l'arrêté du 6 janvier 1819 déclare que les Indiens seront jugés, comme par le passé, suivant les lois et les coutumes de leur caste, cette disposition est purement facultative et n'interdit point aux sujets indiens le droit de se soumettre librement et volontairement à l'empire des lois françaises et d'en recueillir les avantages en en observant les commandements. »

Cette disposition est, comme on le voit, toute spéciale à une catégorie d'individus soumis par leur situation de peuple conquis à une loi particulière.

On peut comparer l'état de ces Indiens à celui des indigènes algériens dont les contestations relatives à l'état civil doivent, aux termes de l'art. 37 de l'ordonnance du 26 septembre 1842, être jugées conformément à la loi religieuse des parties. C'était une conséquence nécessaire de l'acte de capitulation du 5 juillet 1830 qui a garanti à tous les habitants leur religion, leurs propriétés, etc.

Cette garantie a survécu à l'égard des indigènes musulmans, mais, pour les Israélites, aujourd'hui assimilés aux citoyens français, ils ont été depuis longtemps soumis à l'obligation de contracter mariage devant le maire, suivant les formes françaises.

Le statut personnel cesse d'être applicable, avons-nous dit, en cas de changement de nationalité. Ce changement résulte, soit du seul fait de la loi, comme dans le cas de cession de territoire ou du mariage d'une femme avec un étranger, soit de la volonté de l'individu lui-même, par la naturalisation étrangère ou la perte de la qualité de citoyen.

Il nous suffira d'indiquer ici ces principes sans en étudier les détails qui n'ont pas directement trait à notre sujet.

Si le Français qui va se marier à l'étranger emporte avec lui son statut personnel, il est également évident que l'étranger qui épouse une Française soit dans son propre pays, soit en France, conserve aussi le sien. C'est pourquoi, dans la discussion de la loi au conseil d'Etat, M. Tronchet, répondant à une observation du premier consul, disait qu'un Français demeure soumis aux lois de son pays par rapport au mariage, mais que ces lois ne s'étendent pas à l'étrangère qu'il épouse ; qu'ainsi il lui est permis de prendre une fille à qui les lois du pays où il se trouve donnent la capacité de se marier relativement à l'âge (Locré, t. IV, p. 350).

Mais le statut personnel étranger cesse d'être applicable en France toutes les fois qu'il est en opposition avec une loi française d'ordre public, de bonnes mœurs ou à un intérêt français. D'où il suit que l'étranger ne peut être admis à passer en France un contrat contraire à une loi de cette espèce.

Ainsi il ne pourrait se marier avec une femme parente ou alliée à un degré auquel notre loi prohibe le mariage, bien que la loi de son pays ne portât pas la même prohibition. Aussi résulte-t-il, des instructions adressées le 18 juillet 1877 par M. le garde des sceaux au procureur général d'Amiens, que les officiers de l'état civil doivent se refuser à procéder au mariage entre étrangers, beau-frère et belle-sœur, qui n'auraient pas obtenu de dispenses préalables du gouvernement français.

De même un étranger, dont la loi permet la polygamie, ne pourrait contracter en France un second mariage. Il n'est point douteux en effet que la poligamie porte atteinte au premier chef à l'ordre public et aux bonnes mœurs, puisque notre loi pénale classe ce fait au rang des crimes. L'étranger, aussi bien que le Français, tombant sous l'application de cette loi, il est évident qu'il ne saurait en être relevé même par la loi étrangère dont il dépend au point de vue civil, s'il contractait la seconde union en France.

La question est plus douteuse en ce qui touche le divorce ; elle l'était du moins avant l'arrêt important de la chambre civile du 28 février 1860. Cet arrêt, rendu sur les éloquentes conclusions de M. le procureur général Dupin, a mis un terme à la divergence des cours d'appel longtemps hésitantes. On peut presque affirmer que tout a été dit à cet égard et nous devons considérer le principe comme définitivement admis.

Ce principe est celui-ci : « L'étranger divorcé conformément aux lois de son pays peut contracter un second mariage en France, soit avec une Française, soit avec une étrangère du vivant de sa première femme.

Les considérations sur lesquelles se fondaient les partisans de l'opinion contraire reposaient principalement sur le caractère de la loi du 8 mai 1816 qui a aboli le divorce. En étendant outre mesure l'esprit et les conséquences de cette loi, on arrivait à conclure que l'étranger lui-même devait lui être soumis, ou du moins que la loi française ne pouvait pas reconnaître et sanctionner par un nouveau mariage la dissolution, même légale, du premier. Les mœurs, l'ordre public, la dignité des familles y sont intéressés, disait-on (Malher de Chassat, *Traité des statuts*, p. 262).

C'est aller bien loin, ce nous semble, surtout si l'on envisage que le divorce a été admis chez nous de 1792 à 1816 et que la Chambre des députés a, par trois fois, sous le règne de Louis-Philippe, voté son rétablissement[1] ; qu'enfin il est admis par la majorité des nations européennes, même catholiques, telles que la Belgique, les Pays-Bas, l'Angleterre, la Suède, la Hongrie, l'Allemagne.

Du reste, M. Dupin fit justice de cet argument comme de tous les autres, à l'aide des documents de l'histoire aussi bien que par une argumentation serrée sur les principes des droits civil et public.

La Cour de cassation, s'inspirant de cette savante discussion, proclama que : « Si l'art. 147 du Code civil « défend de contracter un second mariage avant la « dissolution du premier, cette défense n'existe pas « toutes les fois que la preuve de la dissolution du « premier mariage est rapportée ; — que cette preuve « est faite lorsque l'étranger établit que son mariage « a été disscus dans les formes et selon les lois du « pays dont il est sujet ; — que telle est la consé- « quence du principe reconnu par l'art. 3 du Code ci-

---

[1] Personne n'ignore qu'un projet de loi ayant le même objet a été présenté à la Chambre par M. Naquet et ne tardera probablement pas à être définitivement résolu.

« vil et de la distinction des lois réelles et des lois per-
« sonnelles « (Dalloz 1860, 1, 57. Voir dans le même
sens Cass. 15 juil. 78, D. 78, I, p. 340).

Nous n'avons rien à ajouter à ces considérants.

Signalons cependant que la cour de Douai, par un
arrêt du 8 janvier 1877 (D. 1878, 2, p. 7), a statué
dans un sens contraire. Il est vrai que l'espèce n'était
pas la même. Il s'agissait, non d'un étranger, marié et divorcé à l'étranger, mais d'un Belge marié en
France avec une Française et divorcé ensuite par décision d'un tribunal belge. La différence est sensible
et c'est probablement ce qui a entraîné la décision de
la Cour.

En effet, si l'étranger marié et divorcé à l'étranger
se présente en France avec un état civil bien net,
c'est-à-dire avec le fait acquis d'un mariage précédent ayant cessé d'exister, il doit être considéré
comme libre par notre loi. Mais en est-il de même de
celui dont le mariage a été contracté sous l'empire de
notre loi et par l'officier public français ? Nous ne le
pensons pas ! Il y a au moins une nuance capitale à
signaler, bien que l'arrêt n'ait pas donné ce motif.
C'est celle-ci : L'acte de mariage inscrit sur les registres de notre état civil subsiste dans son entier, tant
qu'il n'a pas été modifié, annulé par une décision régulière de justice. Or, le jugement étranger qui prononce le divorce, n'étant pas exécutoire en France du
moins *de plano*, n'a pu anéantir l'instrument qui établit le premier mariage et empêche d'en contracter un
second. Dès lors l'officier de l'état civil ne doit-il pas
s'arrêter devant cet acte et y trouver une barrière
infranchissable contre le nouveau lien qu'on lui demande de régulariser ? Et comment agirait-il autre-

ment sans produire ce résultat extralégal de créer un second acte de mariage se plaçant à côté d'un premier encore existant ? en d'autres termes, sans donner à cet étranger, aux yeux de notre loi, la position d'un bigame ?

Cette décision a du reste été réformée par un arrêt de Cassation du 15 juillet 1878 qui a renvoyé la cause devant la Cour d'Amiens.

Celle-ci a, le 15 avril 1880, adopté la jurisprudence de la Cour suprême. Elle se fonde sur ce que, par application du principe de réciprocité qui forme la base du droit international en cette matière, les lois qui régissent l'état et la capacité des étrangers les suivent eux-mêmes en France lorsqu'ils y résident.

Qu'ainsi l'étranger, administrant la preuve de la dissolution du premier mariage, conformément aux lois de son pays, et spécialement par le divorce s'il s'agit d'un sujet belge, doit être admis à en contracter un second en France, même avec une française (Dalloz 1881, 2, 79).

On voit quelles délicates questions soulève le conflit des lois diverses lorsqu'elles sont mises en présence les unes des autres. Il faudra encore de bien longues discussions pour que des règles fixes et certaines soient établies à cet égard !

Plus délicat peut-être est le point de savoir si lorsque, soit les deux époux, soit l'un d'eux, ont abdiqué leur nationalité pour celle d'un pays où le divorce est admis, ils peuvent être légalement divorcés même aux yeux de la foi française. Un procès célèbre a récemment appelé l'attention sur cette question.

Dans la première hypothèse, la rigueur du droit a pour conséquence la possibilité du divorce. En acquérant une nouvelle nationalité, les époux ont rejeté l'obstacle qui gênait leur liberté. Soumis désormais à une loi différente, c'est d'elle qu'ils tiennent maintenant leur capacité, c'est à elle qu'ils s'adresseront pour faire sanctionner légalement leur divorce et leur second mariage. Il appartiendra seulement aux tribunaux d'apprécier si cette naturalisation n'a pas eu pour but d'enfreindre la loi originaire. Telle est du moins la distinction admise par quelques auteurs et notamment Merlin (*Quest. de droit*, v° *Divorce*, § II, n° 11) et par la jurisprudence (Cass. 16 déc. 1845 ; Paris, 30 juin 1877, aff. Vidal).

La conséquence ne saurait être la même si l'un des époux seulement s'était fait naturaliser à l'étranger. En effet, si pour l'accomplissement du mariage, il faut le concours de deux capacités, ce concours est nécessaire aussi pour le rompre. L'incapacité de l'un des époux ne peut être couverte par la capacité de l'autre. Il en résulterait, chose impossible, que le contrat cesserait d'exister pour l'une des parties quand il conserverait toute sa valeur à l'égard de l'autre.

Bien plus, si c'est la femme qui a abdiqué sa nationalité, on se demande quelle est la validité de cet acte. S'il a été accompli avec le consentement du mari, la question pourrait peut-être être discutée. Cependant la Cour de Cassation (arrêt du 18 mars 1878, aff. de Bauffremont) a reconnu que : « même eût-elle été « autorisée par son mari, la femme séparée de corps « ne pourrait être admise à invoquer la loi de l'Etat « où elle aurait obtenu une nationalité nouvelle à la « faveur de laquelle, transformant sa condition de « femme séparée en celle de femme divorcée, elle se « soustrairait à la loi française qui seule règle les effets

« du mariage de ses nationaux et en déclaré le lien
« indestructible. »

Mais si cette abdication a eu lieu sans le consentement du mari ou de justice, il est de toute évidence
que, d'après notre loi, cet acte serait entaché de nullité.

Il en est ainsi aux yeux de la loi allemande qui dis-
« pose : La naturalisation ne peut être accordée aux
« étrangers que lorsqu'ils sont capables de disposer de
« leur personne d'après les lois du pays auquel ils
« appartiennent, ou à défaut de cette capacité, quand
« ils ont l'assentiment de leur père, tuteur ou cura-
« teur » (L. 1ᵉʳ juin 1870, art. 8).

La femme mariée, seule, ne peut donc renoncer à
sa nationalité même lorsque la séparation de corps a
été prononcée ; sa situation, sa capacité ne sont point
modifiées à cet égard. S'il est vrai, comme nous l'avons
établi plus haut, que le statut personnel s'attache à la
personne et la suit partout, elle en subira les conséquences. Or, la loi française, qui est restée la sienne,
malgré ses efforts pour s'y soustraire, a donné au
mariage un caractère indélébile, disposition d'ordre
public à laquelle l'abandon irrégulier de la nationalité
n'a pas pu porter atteinte.

C'est dans ce sens que la question a été tranchée
par le tribunal de la Seine et l'arrêt solennel de la Cour
de Paris du 17 juillet 1876 (aff. de Bauffremont), qui a
été confirmé par celui de Cassation du 18 mars 1878.
(Dalloz 1878, 2, pag. 1).

Il est bien entendu toutefois, ainsi que le font remarquer ces décisions, que la validité de ces actes n'est
envisagée qu'au regard de la loi française et que ses
effets sont limités à l'étendue du territoire soumis à
cette loi.

Ce point de droit a été différemment apprécié par le tribunal de Charleroi (Belgique) qui, incidemment saisi de la question de validité du mariage de la dame de Bauffremont avec le Prince Bibesco, a, le 3 janvier 1880, statué : 1° que le duché de Saxe-Altenbourg était seul compétent pour décider si la Princesse Bibuco réunissait les conditions pour que sa demande de naturalisation lui fût octroyée ; 2° que le pouvoir judiciaire, pas plus en France qu'ailleurs, n'a qualité pour contrôler cette procédure émanant de l'autorité d'un pays étranger ; 3° que l'acte de naturalisation, ayant changé la nationalité de la Princesse, a modifié son statut personnel qui, de français qu'il était, est devenu allemand ; 4° que dès lors c'est la législation de ce pays qui détermine son état personnel et sa capacité quant au mariage.

Des principes ainsi formulés, le jugement induit que la Princesse naturalisée à Saxe-Altenbourg à pu valablement se remarier à Berlin.

La Cour de Bruxelles (arrêt du 5 août 1880) a réformé cette décision. Elle a déclaré l'intervention du mari non recevable par le motif que la femme, séparée de corps, ne peut, sans l'autorisation maritale, accepter une naturalisation étrangère et contracter ainsi une nouvelle union (Gazette des tribunaux 3 septembre 1880).

Cette jurisprudence est la seule acceptable.

§ 4. — *Condition de la femme française mariée à un étranger.*

Après avoir indiqué quelles sont les conditions du mariage du Français à l'étranger et de l'étranger en

France, il convient de dire quelles sont celles de la femme française qui épouse un étranger.

« C'est une maxime universellement reçue, dit M. Colmet-Daage (*Revue de droit français et étranger*, 1844), que nul ne peut avoir deux patries. » En vertu de ce principe, la majeure partie des législations retranchent du nombre des nationaux le citoyen qui se fait nationaliser en pays étranger.

Ainsi le mariage de la femme française avec un étranger est considéré par notre loi comme produisant pour elle un changement de nationalité. Cette conséquence est parfaitement logique, conforme aux règles du droit international et à ce principe que le mari, étant le chef de la famille, doit fixer lui-même la condition de sa femme de façon à établir l'unité de loi pour tous les membres de la famille.

Si telle est la conséquence directe du mariage, c'est aussi celle de la volonté de la femme qui peut abdiquer sa nationalité, seule si elle est majeure, et avec le consentement de ses père et mère si elle mineure. L'art. 1398 fixe exactement, dans ce dernier cas, les limites de sa capicité : *habilis ad nuptias, habilis ad matrimonii consequentias.*

Les art. 12 et 19 du Code civil ont consacré ces principes : « L'étrangère qui aura épousé un Français, dit le premier de ces articles, suivra la condition de son mari. » — « Une femme française qui épousera un étranger, dit l'art. 19, suivra la condition de son mari ; » et cet article, prévoyant le cas de dissolution du mariage, ajoute : « Si elle devient veuve, elle recouvrera la qualité de Française, pourvu qu'elle réside en France ou qu'elle y rentre avec l'autorisation du roi et en déclarant qu'elle veut s'y fixer. »

Ces deux articles, on le voit, sont conçus dans les mêmes termes. Peut-on dire cependant qu'ils produisent les mêmes effets ? Il faut reconnaître que les règles du droit international s'y opposent.

En effet, comme conséquence du mariage, notre loi a bien pu décider : 1° que la femme étrangère épousant un Français deviendrait Française (art. 12) ; 2° que la femme française épousant un étranger perdrait sa nationalité propre ; mais là s'arrêtait son pouvoir.

La règle que la loi d'un pays ne peut engager celle d'un autre pays s'opposait à ce que l'on allât plus loin, et à ce qu'on attribuât à la femme une nationalité que la loi du mari lui refusait.

La femme française perd sa nationalité, c'est constant ! mais l'acquisition de celle de son mari ne peut dépendre que de la loi étrangère elle-même.

Sans doute la majorité des législations ont admis un principe identique à celui de notre loi : d'autres cependant le repoussent.

Tel était le cas de l'Angleterre jusqu'en 1844, époque où la loi 7 et 8 Vict., ch. 66, modifia la loi commune qui voulait que la nationalité britannique ne s'acquît ni ne se perdît par le mariage.

L'art. 10 de cette loi est ainsi conçu : « La femme mariée est considérée comme appartenant à la nationalité de son mari. »

Ce retour à une règle plus large et plus saine, qui est celle des nations les plus civilisées, a été confirmé d'une manière plus précise encore par la loi du 12 mai 1870 (33 Vict., ch. 14). La question n'existe donc plus à l'égard des nationaux anglais.

Nous retrouvons les mêmes principes proclamés

dans l'empire d'Allemagne et dans la Confédération suisse, dont les lois récentes ont eu pour but de faire cesser une contrariété de coutumes et de législations qui produisait les résultats les plus choquants, et de rétablir l'unité dans les divers parties des États confédérés.

La loi allemande du 1er juin 1870 s'exprime ainsi : Art. 2. La nationalité d'Etat dans un pays de la Confédération ne sera dorénavant acquise que... 3° par le mariage. — Art. 5. Le mariage avec un Allemand entraîne, pour la femme, la nationalité de son mari. — Art. 11. Elle s'étend à la femme et aux enfants mineurs encore soumis à la puissance paternelle.

Art. 13. La nationalité d'Etat sera perdue dorénavant... 5° pour une Allemande, par son mariage avec un étranger.

La Constitution fédérale suisse du 29 mai 1874 porte, dans son art. 54 : La femme acquiert par le mariage le droit de cité et de bourgeoisie de son mari.

Une autre loi fédérale du 3 juillet 1876 étend le bénéfice de la naturalisation à la femme et aux enfants mineurs de l'étranger naturalisé (art. 3).

Ces règles sont reproduites dans les lois spéciales du canton de Genève du 5 avril 1876, art. 39, et le Code civil de Glaris, art. 44.

Une loi du 26 novembre 1880, mise en vigueur le 1er janvier 1881, fixe les règles relatives à la puissance maritale pour le canton de Lucerne en ce qui touche la personne et les biens de la femme.

Art. 1. Les époux se doivent mutuellement cohabitation, fidélité et respect.

Art. 3. La femme acquiert le nom de famille et le droit de bourgeoisie de son mari.

Cette loi porte quelques dispositions très-sages pour la sauvegarde des biens de la femme, notamment en cas de divorce et de séparation.

L'art. 26 dispose que : la femme divorcée garde le droit de bourgeoisie du mari, mais elle reprendra son nom de famille.

Un amendement reproduisant cette dernière prescription a été vivement discuté naguère la chambre des députés de France.

Quant au Code civil italien, après avoir, dans son art. 9, déclaré que « l'étrangère qui se marie à un citoyen acquiert la nationalité et la conserve même pendant son veuvage, » il ajoute (art. 14) : « La femme citoyenne qui se marie avec un étranger devient étrangère toutes les fois que, par le fait du mariage, elle acquiert la nationalité de son mari. »

Prévoyant ainsi l'hypothèse qui nous occupe, cette loi conserve sa nationalité propre à la femme au cas où la loi du mari ne lui accorde pas la nationalité de celui-ci. On ne peut s'empêcher de reconnaître dans cette disposition un progrès dont le but est de ne pas laisser une femme entre deux nationalités dont l'une la repousse et l'autre ne l'accepte pas.

Bien que cette dernière situation soit devenue aujourd'hui tout à fait exceptionnel, disons un mot des conséquences qu'elle pourrait présenter.

En ce qui touche l'étranger, libre à lui de ne pas soumettre la femme à la loi qui régit le mari ; elle conservera donc aux yeux de la loi étrangère son statut personnel primitif. La France n'a pas à imposer d'obligation à cet égard ; elle ne le peut, et dès que, par le fait même de sa volonté, la femme française a encouru la perte de sa qualité, elle n'a rien à réclamer de cette loi qu'elle a rejetée. La loi étrangère continuera donc à considérer cette femme comme une étrangère pour elle, sans se préoccuper de son mariage. Mais par réciprocité et en vertu du principe de l'art. 19, la loi française la regardera aussi comme étrangère et la traitera comme telle, dans ses rapports du moins avec les Français. Ce n'est donc point son statut personnel primitif qu'on lui appliquera en France mais bien celui de son mari.

Ainsi considérée comme étrangère, elle ne jouira, en France, que des droits accordés à l'étranger. Cette situation est regrettable sans doute, mais elle est la conséquence du conflit des deux législations et du principe fondamental que chaque nation possède seule et exclusivement la souveraineté et la juridiction dans toute l'étendue de son territoire.

Quelle est donc la situation de la femme devenue étrangère ou considérée comme telle, dans ses rapports de famille en France? Comment se combinent les diverses lois applicables à l'espèce, lorsque le casse trouvera soumis aux tribunaux français par suite de la résidence de la femme sur le sol de son pays d'origine?

C'est ce que nous examinerons rapidement.

La solution de ces questions est souvent très délicate, eu égard surtout au silence de la loi sur les conditions juridiques des étrangers en France.

Et d'abord, l'autorité paternelle ! Conséquence nécessaire des droits et des devoirs que la nature impose aux père et mère, dans quelles conditions cette autorité sera-t-elle exercée par la femme qui a perdu sa nationalité?

Les droits résultant de la paternité sont réglés par le titre IX du Code civil ; les uns s'éteignent par la majorité, l'émancipation ou le mariage qui, aux termes de l'art. 476, produit les mêmes effets ; d'autres y survivent.

Obligations générales. — « L'enfant à tout âge, dit l'article 371, doit honneur et respect à ses père et mère. » C'est la reproduction du précepte du Deutéronome : « Honore tes père et mère comme l'Eternel ton Dieu te l'a commandé, afin que tes jours soient prolongés et que tu sois heureux sur la terre que l'Eternel ton Dieu t'a donnée (ch. V, v. 16). »

« Nous avons prescrit à l'homme des devoirs sacrés envers les auteurs de ses jours, dit le Koran (ch. XXXI) ; il a été porté avec des peines multipliées dans le sein d'une mère ; il a été allaité pendant deux ans. Mortels, soyez reconnaissants de nos bienfaits, soyez bienfaisants envers vos pères. »

La loi annamite, qui sanctionne toutes ses prescriptions par des pénalités corporelles, s'exprime ainsi : « Tout fils ou petit-fils insubordonné ou rebelle à l'éducation de ses père, mère ou grands parents paternels, sera puni de cent coups. Il en sera de même pour ceux qui se refuseront à nourrir ces mêmes parents.

L'insulte envers son grand-père ou sa grand'-mère (paternels) ou envers son père ou sa mère sera punie de la strangulation (Code annamite, liv. III, sect. VII). »

Il est incontestable que ce principe de morale et de droit naturel est de tous les pays et je ne sache pas qu'aucune législation ait pu le méconnaître.

Personne n'ignore les rigueurs du droit romain en ce qui touche la constitution de la famille et les droits

de la paternité. Sans approuver de tels excès de sévé-
rité, on peut regretter que le relâchement des mœurs,
plus encore peut-être que l'esprit de nos lois, ait fait
perdre au père de famille une grande part de son
prestige et par suite de la vénération et de l'obéissance dont les peuples primitifs l'entouraient.

Autres obligations. — D'autres droits, conséquence
de l'autorité paternelle, tenant moins à l'ordre moral
et aux lois naturelles, peuvent varier suivant les législations ; tels sont les droits d'administration ou de
jouissance des biens des mineurs, le droit de correc-
tion, celui d'autorisation ou d'opposition au mariage,
etc.

Le mariage des enfants mineurs ne peut être accompli sans le consentement de leurs ascendants, du conseil de famille ou de leur tuteur *ad hoc*, suivant le cas.
Par une dérogation spéciale à l'âge de la majorité
ordinaire, la loi a cru devoir, sous ce rapport, prolon-
ger la minorité jusqu'à vingt-cinq ans accomplis pour
les fils et vingt-un pour les filles.

Lorsque cet âge est atteint, le consentement n'est
plus nécessaire, mais le mariage doit être précédé
d'actes respectueux.

Toutes les nations n'ont pas admis la même règle.

En Suisse, l'art. 27 de la loi fédérale du 24 décembre 1874 fixe la majorité du mariage à vingt ans pour
les deux sexes et n'exige, après cet âge, aucun acte
respectueux.

En Allemagne, il est de vingt-cinq ans révolus pour
les fils et vingt-quatre pour les filles. Les actes respectueux sont également supprimés (L. 6 fev. 1875, art.
29). Cette loi a abrogé les dispositions autrement
rigoureuses des législations locales. Le Code badois

prescrivait les actes respectueux, et la loi prussienne, celle de Saxe, Gotha, Altenbourg et autres, exigeaient le consentement du père pendant toute la vie. Dans d'autres Etats, le consentement simultané du père et de la mère était nécessaire.

La majorité pour le mariage est, en Italie, la même que chez nous, mais le Code de ce royaume, quoique calqué sur le nôtre, n'a pas jugé nécessaire de l'imiter en ce qui touche les actes respectueux.

En l'état des variations de ces législations, on se demande quelle sera la règle à suivre au cas où une femme d'origine française, mais devenue étrangère par son mariage et n'ayant pas reconquis en France sa nationalité, veut s'y remarier. Majeure suivant la loi française, mais mineure d'après sa nouvelle loi, devra-t-elle obtenir le consentement de ses père et mère? L'officier de l'état civil français pourra-t-il passer outre au mariage, même en présence d'une opposition qui aurait été faite par ceux-ci?

La conséquence du principe que nous avons énoncé plus haut doit servir de règle à la solution de cette question. Le statut personnel du mari, étant applicable à la femme, doit être accepté par les tribunaux français. Or la nécessité du consentement paternel tenant au statut personnel, ce consentement ne devra être exigé que dans le cas où la loi étrangère l'impose.

Et cette règle s'applique aussi bien lorsque cette femme veut se remarier à un étranger, qu'au cas où elle doit épouser un Français, puisque, le nouveau mariage n'étant pas contracté, elle conserve encore le statut personnel de son premier mari.

Sans doute ce statut sera en contradiction avec celui du père appelé à donner son consentement ou qui a formé opposition ; mais qu'importe ? Il faut bien que l'un des deux cède le pas à l'autre ; lequel aura la préférence ? Celui de la femme sans nul doute. En effet, la puissance paternelle est surtout un droit de protection et de défense pour l'enfant, et la limite de cette protection varie suivant la loi qui la régit. La femme qui a renoncé aux avantages et aux garanties de sa loi d'origine ne peut qu'invoquer ceux de sa loi d'adoption. Elle ne saurait avoir le choix entre les deux statuts, de façon à retenir, dans l'un ou dans l'autre, la part qui, suivant les cas, lui serait avantageuse.

Il en serait différemment de l'usufruit légal attribué au père et qui, étant une création du droit civil, et tenant au statut réel, doit suivre la loi du pays où les biens sont situés. Ainsi cet usufruit cessera à dix-huit ans (art. 384) sur les biens situés en France, même quand la loi étrangère prolongerait les droits du père au delà de cet âge, comme le faisait le Code sarde.

Quant à l'adoption que la femme devenue étrangère voudrait obtenir, c'est aussi la loi de son pays qui déterminera si le consentement de ses père et mère est nécessaire, la matière touchant au statut personnel.

L'application du même principe se fera à l'égard du maintien de la puissance paternelle de la femme étrangère envers ses enfants demeurés Français. Le statut personnel de ceux-ci servira de règle et la mère conservera sa puissance avec toutes ses conséquences, dans tous les cas où la loi française la lui accorde.

Il devrait en être rigoureusement de même pour la

tutelle qui est d'ailleurs une espèce de fonction publique, *munus publicum*. Toutefois, à cause de l'importance que la loi attache à cette partie de la protection
dont elle environne le mineur et du peu de garanties
qu'offre l'étranger pour l'administration des biens
pupillaires, il semble qu'une exception doive être admise dans ce cas. C'est du moins, dans ce sens, que se
sont prononcées la cour de Colmar dans un arrêt du
25 juillet 1817, et la majorité des auteurs. Toutefois
la Cour de cassation, par un arrêt du 16 février 1875,
est revenue sur cette doctrine et a admis une opinion
contraire.

Cette question a donné lieu à une convention inter-
nationale intervenue le 15 juin 1869 entre la France
et la Suisse. Cet acte dispose : Art. 10. « La tutelle
« des mineurs et interdits français, résidant en Suisse,
« sera réglée par la loi française et réciproquement
« la tutelle des mineurs et interdits suisses, résidant
« en France, sera réglée par la législation de leur can-
« ton d'origine.

« En conséquence, les contestations auxquelles
« l'établissement de la tutelle et l'administration de
« leur fortune pourront donner lieu seront portées de-
« vant l'autorité compétente de leur pays d'origine,
« sans préjudice toutefois des lois qui régissent les im-
« meubles et des mesures conservatoires que les
« juges du lieu de la résidence pourront ordon-
« ner. »

C'est, comme on le voit, l'application de la règle
que nous venons d'émettre.

Mais cette étrangère pourra-t-elle faire partie d'un
conseil de famille français ? Sans doute la rigueur des
principes devrait l'en écarter, car, d'après notre loi,

toute personne privée du droit de tutelle est exclue du conseil de famille (art. 442 et suiv.).

Cependant les causes qui militent pour l'exclusion de la tutelle ne se présentent pas ici au même degré. L'étrangère n'est pas exclue de la tutelle, elle n'est qu'incapable d'en exercer les droits, aussi la loi ne porte-t-elle pas de disposition formelle à cet égard, et rien ne paraît s'opposer sérieusement à ce qu'on accorde à cette mère un droit naturel dérivant de la puissance paternelle.

S'agit-il au contraire de l'exercice des droits du conseil de famille à l'encontre de la femme étrangère qui se trouve, eu égard à la loi française, en état de minorité ou d'interdiction, une distinction est alors nécessaire.

Toutes les lois ne confèrent pas au conseil de famille les mêmes prérogatives que la loi française. Ainsi, en Allemagne et en Hollande, les tuteurs sont nommés par le juge, et en Suisse par l'autorité administrative. A moins d'appliquer la maxime *locus regit actum*, la conséquence logique voudrait que les mêmes autorités fussent investies en France des droits que leur attribue la loi étrangère.

Si, au contraire, l'intervention du conseil de famille est admise, rien ne s'oppose à ce que l'étrangère soit soumise en France à sa juridiction. La seule difficulté pourrait provenir du point de savoir en quel lieu il s'assemblera, quelle en sera la composition et à quel tribunal il appartiendra d'en homologuer les délibérations.

S'il s'agit d'une autorisation relative à des contrats devant être passés en France, ou à des biens que la femme veut y vendre, ce ne peut être que dans le lieu où sont situés ces biens, dans ceux où elle veut contracter, que le conseil de famille sera réuni, et il le sera suivant les formes de la loi française. Dans les autres cas, le conseil de famille devra être réuni au lieu du domicile de la femme, lequel n'est autre que celui de son mari.

La femme devenue étrangère peut aussi provoquer l'interdiction d'un de ses parents français ; elle pourra elle-même être interdite sur la demande de ceux-ci, par les tribunaux français si elle réside dans ce pays.

Enfin l'étrangère jouit d'nne hypothèque légale sur les biens que son mari possède en France. Cette opinion est controversée, il est vrai et n'est point partagée par quelques auteurs, tels que MM. Merlin, Troplong, Rodière et Pont ; mais la théorie contraire, sanctionnée par la jurisprudence, a rallié plusieurs autres jurisconsultes. Nous n'avons pas à la discuter ici.

Telles sont les conditions de la femme française qui a perdu sa nationalité et pendant que le mariage existe. Qu'en est-il lorsque celui-ci est dissous ?

Le § 2 de l'art. 19, qui s'applique aussi bien au cas de veuvage qu'à celui de divorce, lui rend la qualité de Française, mais à la condition qu'elle réside en France ou, n'y résidant pas, qu'elle y rentrera avec l'autorisation du gouvernement et en déclarant vouloir s'y fixer.

Si, au contraire, le mariage était annulé, il est évident que la femme reprendrait sa position première qu'elle est censée n'avoir jamais perdue.

Le même principe est admis par les autres nations.

Ainsi, le Code civil italien reproduit les termes de notre art. 19.

La loi anglaise du 12 mai 1870, art. 10, s'exprime ainsi : « La femme veuve, britannique d'origine, et « devenue étrangère par le fait de son mariage, est « considérée comme étrangère. Elle peut obtenir à « toute époque de son veuvage un certificat de *réad-* « *mission* dans la nationalité britannique. »

Un mouvement libéral assez prononcé s'opère, depuis quelques années, dans les législations étrangères au sujet des conditions de la femme mariée. Généralement soumise à une tutelle rigoureuse elle tend à s'en affranchir et l'on trouve notamment des traces très marquées de cette émancipation en Suisse (L. du 17 mars 1879) dans la Finlande (L. du 31 octobre 1864) aux Etats-Unis (L. du 5 mai 1879) en Angleterre (*Act.* du 9 août 1870) et 26 août 1880 en Danemark (L. 7 mai 1880, etc. Il y aurait à cet égard une étude intéressante à faire mais qui ne trouve pas ici sa place.

§ 5. — *Principes généraux touchant les formes du mariage au point de vue du droit international.*

Après avoir étudié les conséquences du statut personnel à l'égard des Français et Françaises qui se marient à l'étranger, il nous reste à indiquer quelles sont les formes de ce mariage suivant le pays où il s'accomplit. Ce sera l'objet du deuxième chapitre auquel cet ordre d'idées appartient plus spécialement.

Faisons seulement observer ici, qu'à ce point de vue, la question touche en même temps au droit international public et au droit international privé.

Le premier règle les rapports de nation à nation, et c'est de lui que dépendent la capacité et la compétence des agents diplomatiques lorsqu'ils sont accrédités auprès d'une autre nation. C'est dans le droit international public qu'a été puisée la fiction légale de la prolongation du territoire au moyen de laquelle le lieu où réside l'agent et qui est couvert par son pavillon est censé faire partie du territoire même du pays qu'il représente. D'où l'application de la maxime : *locus regit actum*. En vertu de ce principe, l'art. 47 a pu dire que le mariage serait reçu conformément aux lois françaises par les agents diplomatiques et les consuls.

Le droit international privé, au contraire, est relatif à l'application des lois d'un Etat sur le territoire d'un Etat étranger. De lui dépend cet autre principe que chaque nation possède et exerce seule et exclusivement la souveraineté et la juridiction dans toute l'étendue de son territoire ; d'où il suit que les lois de chaque Etat régissent tous les contrats passés, tous les actes consentis sur ce même territoire. Et, comme conséquence, les art. 47 et 170 ont reconnu que les actes de l'état civil des Français dressés en pays étrangers seraient valables et feraient foi, lorsqu'ils ont été reçus dans les formes usitées dans lesdits pays.

C'est enfin, en vertu de la concordance de ces deux droits, que notre Code a pu donner au Français se mariant à l'étranger le choix entre la forme française et la forme étrangère. Dans le premier cas, le mariage s'accomplit devant l'agent français ; dans le second devant l'officier étranger.

On trouvera dans le chapitre suivant l'application de cette distinction importante qui constitue un des points les plus saillants de notre sujet.

CHAPITRE II

Après avoir examiné la question au point de vue du droit des gens, autrement dit droit international, nous devons exposer les règles relatives au mariage des Français à l'étranger suivant notre droit civil.

Ces règles sont établies dans les articles du Code civil portant le n°ˢ 47, 48, 88 et suiv., 170 et 171. La combinaison de ces articles spéciaux avec les principes généraux répandus dans les divers chapitres de la loi nous permettra d'indiquer les principales questions que présente cette matière.

Les dispositions légales touchant le mariage doivent être envisagées au point de vue de la forme et du fond, tous deux également essentiels et importants puisque la validité de l'acte en dépend.

En effet, si l'inobservation de certaines règles relatives à la forme des actes ne leur enlève pas nécessairement la force probante, parce que la loi ne lui a pas attaché la peine de nullité, il est des manquements qui ont un résultat contraire. Tels sont l'incompétence de l'officier public, le défaut de publicité, etc. Nous aurons à revenir sur ce point.

Quant aux autres irrégularités moins graves qui pourraient avoir été commises, la loi a remis aux tribunaux le soin d'apprécier, suivant les circonstances, le mérite des actes entachés de ces vices.

Les nullités de fond sont généralement plus sérieuses, et nous trouvons dans les art. 180 et suivants les règles qui leur sont applicables.

Examinons successivement ce qui a trait à la forme et au fond des actes de mariage objet de cette étude.

SECTION PREMIÈRE.

ACTES DE MARIAGE CONSIDÉRÉS SOUS LE RAPPORT DE LA FORME.

Cette section comprendra tout ce qui touche à la forme matérielle des actes, à leur publicité, ainsi qu'à leur transcription qui en est la suite et le complément.

Elle se divisera en quatre points :

1° Par qui doivent-ils être reçus ?

2° Dans quelle forme ;

3° Des publications ;

4° De la transcription des actes.

Art. 1. — Par qui les actes doivent-ils être reçus ?

La compétence de l'officier public dépend de la nationalité des futurs époux et de leur situation comme civils ou militaires.

En ce qui touche la nationalité, il y a lieu de distinguer si les deux parties contractantes sont françaises ou si l'une est française et l'autre étrangère.

Dans le premier cas, le mariage est célébré soit suivant les formes et par l'officier public du pays (art. 57,) soit par les agents diplomatiques ou les consuls français (art. 48.)

Dans le second, il ne peut l'être que par les officiers du pays où s'accomplit le mariage.

Nous réserverons pour un chapitre spécial tout ce qui a trait au mariage des militaires, les règles à cet égard formant une exception à la loi commune.

§ 1. — *Autorités étrangères.*

Les autorités étrangères sont compétentes pour recevoir non seulement les actes intéressant à la fois des Français et des étrangers, mais encore ceux qui concernent exclusivement des Français habitant le territoire étranger.

Cette compétence est une conséquence de la règle *locus regit actum,* dont nous avons indiqué plus haut les caractères.

Mais, pour faire foi en France, l'acte doit avoir été reçu par l'officier public compétent, c'est-à-dire par celui du domicile ou de la résidence des époux ou de l'un d'eux à l'étranger, et l'ordonnance de 1681, art. 23, exigeait expressément que cette circonstance fût attestée par l'agent français au moyen de la légalisation.

Quelques auteurs regardent cette disposition comme étant encore obligatoire ; toutefois, un arrêt de cassation du 3 ventôse an XI a admis que cette formalité n'était pas indispensable. En lisant les termes de cet

arrêt, on voit que la Cour suprême a été plutôt préoccupée du fait en lui-même que du principe absolu.
Elle a jugé en effet que, dans l'espèce qui lui était
soumise (il s'agissait d'un décès), la réalité du fait
était suffisamment constatée.

Le but de cette prescription n'est autre qu'une
preuve d'exactitude soit sur le caractère de l'agent
ayant délivré l'acte, soit sur la compétence de cet
officier. Or, à moins d'une disposition formelle et
prescrite à peine de nullité, on ne saurait faire dépendre de cette simple formalité la valeur de l'acte lui-
même. Dès lors, la légalisation pourrait, dans certains
cas, être suppléée par d'autres indices, et c'est aux
tribunaux qu'il appartient d'apprécier l'authenticité de
l'acte, la réalité et la légalité du fait qu'il est appelé à
établir.

Nous verrons plus loin quelle règle est applicable au
cas de mariage contracté dans un pays où, soit à défaut d'officiers publics, soit par suite d'impossibilité
de faire rédiger un acte, on ne peut prouver le mariage
par ce document.

§ — 2. *Agents diplomatiques.*

Aux termes de l'art. 48, avons-nous dit, les agents
diplomatiques et les consuls peuvent recevoir les actes
de l'état civil de leurs nationaux.

Ce pouvoir dérive du droit des gens, et c'est pourquoi les agents diplomatiques, représentants légaux à
l'étranger de leur nation, ont juridiction sur leurs
concitoyens. Ils usent ainsi non seulement du droit de
protection qui est essentiellement dans leurs attributions, mais encore de cette autorité dont ils sont investis

par la nature même de leurs fonctions et le rôle qu'ils remplissent à l'étranger.

Rien de plus régulier et de plus légal. Cette compétence ne fait point brèche à la maxime *locus regit actum*, puisque l'acte reçu dans le consulat est censé passé sur le territoire français lui-même. C'est le cas d'appliquer ici le mot du Premier Consul, dont nous verrons plus loin l'origine : Où est le drapeau, là est la France !

Dans l'ancien régime, les agents diplomatiques n'avaient pu recevoir la mission de procéder à l'acte civil du mariage, puisqu'il se confondait alors avec l'acte de bénédiction nuptiale qui était du ressort exclusif du ministère sacerdotal.

L'ordonnance du 3 mai 1781, relative aux Echelles du Levant, réglementait cette matière. Tout en maintenant aux curés desservant les églises françaises le soin de recevoir les actes de l'état civil, elle donnait aux consuls et aux vice-consuls un droit de surveillance sur ce service, et les chargeait de tout ce qui touche à la partie matérielle, à la conservation et à l'envoi des registres.

La loi du 20 septembre 1792 ayant gardé le silence sur l'officier public devant lequel se contracteraient à l'étranger les mariages civils entre Français, l'usage s'est introduit et a été bientôt généralement reçu de s'adresser aux agents diplomatiques, consuls et vice-consuls du lieu de la résidence des parties contractantes.

Cet usage fut ratifié par les art. 47, 48 et 170 du Code civil.

Aussi l'avis du conseil d'État du 4 brumaire an XI portait-il que les commissaires des relations commerciales de France en pays étrangers pouvaient et devaient y recevoir, suivant les formes prescrites par les lois, les actes de l'état civil des Français.   -

C'est donc le choix des parties contractantes, lorsqu'elles sont toutes les deux françaises, qui décidera si le mariage aura lieu devant les représentants de leur nation ou devant l'officier public de leur résidence. Mais il n'en est plus de même si l'une des deux parties est étrangère.

Dàns ce cas, l'officier étranger est seul compétent.

Les agents ou consuls français sont en effet dépourvus de toute autorité sur les étrangers. En consacrant le mariage, même d'une seule des parties n'appartenant pas à sa nation, il ferait, eu égard à celle-ci, une entreprise sur l'autorité de la puissance étrangère, l'état du citoyen ne pouvant être réglé que par la loi et les actes reçus que par les autorités de son propre pays.

Quelques auteurs soutiennent une opinion contraire et, se fondant sur une confusion qui pourrait résulter des termes un peu vagues de l'exposé des motifs présenté par M. Thibaudeau (12 décembre 1801, § 8,) ils en ont conclu qu'il n'y avait pas lieu d'établir une distinction entre les deux cas.

Mais la Cour suprême, dans un arrêt rendu le 10 août 1819, réformant une décision de la cour de Rouen du 24 février 1818, à l'occasion d'un mariage contracté à Constantinople en 1793, pose les vrais principes. Cet arrêt constate que : « en 1793, aucune loi « n'avait conféré aux consuls de France à l'étranger « le pouvoir de recevoir les actes de l'état civil entre « Français et étrangers ; — que, d'après la législation « invariablemeut observée en France, les actes de

« toute nature passés en pays étrangers entre Français
« et étrangers doivent être faits suivant les lois du
« pays où ces actes ont lieu ; — que ce principe, loin
« d'être modifié, a reçu une nouvelle force des art. 47
« et 170 du Code civil, et que, si les agents diploma-
« tiques ont été autorisés par l'art. 48 à recevoir les
« actes de l'état civil des Français en pays étranger,
« il résulte clairement et de l'essence des choses et du
« texte de la loi qu'il ne s'agit que des Français uni-
« quement, nos lois et nos agents n'ayant de pouvoir
« à l'étranger que sur leurs nationaux ; — qu'enfin
« cet article est en harmonie avec les ordonnances
« constitutives des consulats. »

Ce même arrêt termine en disant qu'un pareil vice
produit une nullité absolue d'ordre public qui ne peut
être couverte par la possession d'état et qui est propo
sable par les époux eux-mêmes (Dalloz, *Rép.*, v° *Act.
de l'ét. civ.*, n° 355.)

Telle est aussi l'opinion de MM. Merlin, Duranton,
Marcadé, Zachariæ, etc., et elle est reconnue par une
circulaire du ministre des affaires étrangères du 4
novembre 1833.

Art. II. — Dans quelle forme les actes doivent-ils être reçus ?

La conséquence nécessaire des principes généraux
rappelés ci-dessus est que la forme dans laquelle doivent être reçus les actes de mariage dépend de l'officier qui les reçoit.

Si c'est un agent diplomatique, les actes sont rédigés
dans la forme prescrite par la loi du pays qu'il repré-

sente et auquel appartiennent les parties contractantes. Aucune autre forme ne serait régulière et ne pourrait être employée par ces agents.

A l'exemple de notre loi, les nations étrangères ont admis la même règle.

L'art. 388 du Code italien accorde cette faculté à ses nationaux. Il prescrit aussi aux agents diplomatiques et consulaires de transmettre, dans les trois mois, la copie des actes au ministère des affaires étrangères, lequel est chargé de les faire parvenir aux divers bureaux de l'état civil du dernier domicile des époux.

Une loi spéciale du 4 mai 1870, qui s'étend à tous les sujets de la Confédération allemande, formule ainsi ce principe :

« Art. 1. Les agents diplomatiques de la Confédération et les consuls peuvent célébrer civilement des mariages valables entre personnes appartenant à la Confédération.

« Art. 2. Ils tiennent des registres à cet effet.

« Art. 3. La célébration du mariage doit être précédée de la publication d'un ban. Il faut justifier des conditions exigées par la loi du pays des fiancés. »

Il en est de même des lois du 25 juillet 1871 et 24 juin 1879 pour les Pays-Bas et de la loi fédérale suisse du 24 décembre 1874, art. 13.

Une loi transitoire du 18 juin 1870 en Espagne avait placé l'état civil dans les mains de l'autorité civile. Par suite, un règlement du 5 septembre 1871 avait organisé ce service dans les consulats et il est resté en application, bien qu'un décret postérieur, du 9 février 1875, ait rendu aux catholiques le droit de se marier devant leur curé, ainsi que nous le verrons plus loin. Toutefois les consuls espagnols ne doivent recevoir les mariages que dans les lieux où il n'existe pas d'officiers de l'état civil locaux.

Si la loi d'Autriche refuse les mêmes attributions aux agents diplomatiques, ce n'est point par une exception au principe, mais parce que, dans ce pays, le mariage étant considéré comme un acte religieux dépendant de l'autorité ecclésiastique, ces agents ne sauraient le recevoir eux-mêmes.

En Angleterre la latitude est plus grande. L'acte 4 G. IV, C. 91, décide que les mariages sont valables, lorsqu'ils sont célébrés par un ministre de l'Église établie, dans la chapelle de l'ambassade ou de ce ministre, même dans la maison d'un sujet anglais à l'étranger, et aussi au régiment d'une armée anglaise en service hors du continent.

Si au contraire le mariage est passé devant les officiers de l'état civil étrangers, il sera nécessairement revêtu des formalités voulues par les lois du pays.

Le mariage est un contrat solennel qui doit être entouré de certaines formes essentielles et sacramentelles engageant son existence même et sa validité. Telles sont :

La publicité de la célébration (encore n'est-elle pas partout exigée, notamment en Allemagne) et la présence de témoins ;

La justification de l'accomplissement des formalités et conditions juridiques nécessaires ;

La lecture des obligations qui naissent du mariage ;

L'interpellation de l'officier public sur la volonté des contractants de se prendre pour époux et la constatation de leur réponse ;

Enfin, la rédaction d'un acte.

Sauf quelques différences de détails, ces formes sont à peu près partout les mêmes, et nous nous exposerions à des redites en entrant, pour chaque nation, dans l'exposé complet de cette matière. Nous nous bornerons donc aux indications les plus saillantes sur les formalités du mariage accompli soit devant les agents diplomatiques français, soit devant les officiers publics étrangers ; particulièrement, en ce qui touche ceux-ci, nous indiquerons si l'état civil est réglé par le droit canonique ou par le droit civil.

§ 1. — *Agents diplomatiques et consulaires.*

L'art. 48 du Code civil s'exprime ainsi : « Tout acte de l'état civil du Français en pays étranger sera valable s'il a été reçu, conformément aux lois françaises, par les agents diplomatiques ou les consuls. »

Cet article posait le principe. L'application en a été faite plus tard par l'ordonnance du 23 octobre-12 novembre 1833, qui fixe le mode d'inscription des actes, la mission des chanceliers, des consuls, des vice-consuls, l'envoi des expéditions et la vérification des registres.

Ce règlement n'a pas pourvu à tous les détails de la législation consulaire en cette matière ; mais il est difficile d'être complet et il faut souvent un temps très long et des actes successifs et nombreux pour combler toutes les lacunes. La vaste collection de nos lois le prouve bien.

L'art. 1er établit que les consuls se conformeront, pour la réception et la rédaction des actes de l'état civil, aux règles prescrites par le Code civil et par les lois de la matière.

Les actes sont inscrits de suite et par rang de date sur un ou plusieurs registres tenus en double, cotés et paraphés (art. 2).

Une expédition en est immédiatement adressée au ministère des affaires étrangères (art. 2).

Les expéditions délivrés par les chanceliers font la même foi que celles délivrées en France par les dépositaires des actes de l'état civil (art. 3).

Les rectifications sont ordonnées par les tribunaux compétents et mention en est faite en marge des actes rectifiés (art. 7 et 8).

Chaque année un des doubles des registres est expédié au ministre des affaires étrangères (art. 9).

Les publications et affiches des mariages sont faites, suivant les règles prescrites par le Code civil, dans le lieu le plus apparent de la chancellerie du consulat et transcrites sur un registre *ad hoc* (art. 11).

Si les futurs époux n'étaient pas résidants depuis six mois dans le consulat, le consul devrait en outre exiger la justification des publications faites en France, conformément aux art. 166 et 168 du Code civil (art. 15).

Il peut dispenser, dans les cas graves, d'une seconde publication, lorsqu'il n'y a pas eu opposition à la première (art. 17).

En ce qui touche les oppositions au mariage, il y a lieu de suivre les formalités ordinaires prescrites par les art. 66 et suiv. du Code civil et le chapitre III spécial à cette matière.

Les règles de compétence relatives aux tribunaux chargés de statuer sur ces oppositions sont les mêmes qu'en France. La loi ne s'explique pas, il est vrai, d'une manière précise à cet égard, puisque l'art. 117 se contente de dire : « Le tribunal de première instance prononcera... »

Mais on est généralement d'accord pour admettre que l'élection de domicile à laquelle l'opposant est tenu, aux termes de l'art. 176, dans le lieu où le mariage doit être célébré, est attributive de juridiction au tribunal de ce lieu.

C'est donc, dans l'espèce, le tribunal consulaire lui-même qui sera compétent pour statuer sur la mainlevée de l'opposition.

Le pouvoir judiciaire des consuls a sa base dans les art. 12, 13 et 18 du titre IX, liv. Ier de l'ordonnance de 1681 et de l'édit de 1778 ; par suite, ces agents ont compétence en matière d'état civil.

Il en serait de même dans le cas où le demandeur en mainlevée n'aurait pas une habitation de six mois dans le pays où il veut contracter mariage (Douai, 15 novembre 1841).

Toutefois, si le mariage pouvait être contracté légalement en France dans un autre lieu, tel que celui du domicile réel de l'un des futurs, et que l'opposant y ait fait opposition avec élection de domicile, le tribunal compétent serait celui où l'opposition a été dénoncée (Paris, 3 avril 1841).

Il est loisible aussi au futur époux, d'après la règle générale de l'art. 59 du Code de procédure civile, de faire assigner l'opposant devant le tribunal du domicile de celui-ci.

Enfin, les consuls généraux résidant dans les pays situés au delà de l'océan Atlantique, peuvent accorder des dispenses d'âge, à la charge d'en rendre compte au ministre des affaires étrangères (art. 18).

Comme on le voit par ce résumé, les agents diplomatiques et consuls sont investis des mêmes droits que les officiers de l'état civil en France ; ils reçoivent les actes dans la même forme matérielle ; ils ont de plus certaines prérogatives spéciales telles que celles de dispenses de publications et d'âge, qui sont la conséquence de leur éloignement et de la nécessité de pourvoir, par une mesure urgente, aux cas graves et justifiés.

Ainsi se trouvent garantis les intérêts de nos nationaux qui résident loin de la mère patrie.

Diverses lois spéciales ont encore donné quelques facilités que justifiait la situation des lieux.

Une loi du 28 juin 1877 a décidé que toute personne résidant à la Nouvelle-Calédonie et dans les établissements français de l'Océanie, qui voudra contracter mariage, sera dispensée, lorsque ses ascendants auront leur domicile en Europe, des obligations imposées par les art. 151, 152 et 153 du Code civil, relatives aux actes respectueux. Quant aux cas prévus par les art. 148 à 160, il pourra être suppléé au consentement des ascendants, du conseil de famille et des tuteurs *ad hoc* par l'autorisation du conseil du gouvernement de la colonie.

Le même conseil peut également dispenser de la production de certains actes qui doivent être fournis aux officiers de l'état civil avant la célébration du mariage.

Cette loi modifie en quelques points et abroge le décret du 24 mars 1852, qui avait déjà pour but de faciliter les mariages dans ces régions.

Ces facilités sont spécialement accordées aux Français, mais on a senti le besoin d'en donner de plus grandes encore aux étrangers qui veulent former un établissement dans nos colonies. Tel est l'objet du sénatusconsulte du 20 juillet 1867.

§ 2. — *Officiers de l'état civil étrangers.*

« Tout acte de l'état civil des Français et des étran-
« gers, dit l'art. 47, fait en pays étranger, fera foi
« s'il a été rédigé dans les formes usitées dans ledit
« pays. »

Cet article n'a en vue que la forme extérieure des actes, ce qui a trait au fond restant soumis à la loi française. Ainsi le mariage contracté à l'étranger par un Français qui ne posséderait pas les conditions de capacité exigées par sa propre loi, serait nul en France, bien que valable aux yeux de la loi étrangère. L'art. 3, § 3, en effet, a voulu empêcher que le citoyen ne puisse, en passant la frontière, se soustraire aux prohibitions et aux incapacités prononcées par la loi de son pays, ni rendre vaines les mesures de protection édictées soit dans son intérêt, soit dans celui de l'ordre public.

Ces actes au surplus ne font foi que des faits qu'ils constatent, et ils ne peuvent, en général, être prouvés que par la production d'expéditions régulières.

Il est des cas toutefois où cette production ne peut être faite ; celui, par exemple, où la législation du pays ne prescrit pas la rédaction des actes de l'état civil. Ils seront alors établis en France par témoins, même sans commencement de preuves par écrit. L'art. 46 fixe les règles à suivre dans cette hypothèse.

Cette interprétation a plusieurs fois été sanctionnée par la jurisprudence. Ainsi, par arrêt du 20 décembre 1841, la Cour de cassation décidait qu'est valable le mariage contracté sous l'empire de la loi pensylvanienne qui n'exige aucun acte écrit, mais seulement la *cohabitation* et la *réputation*, lorsque la preuve de ces deux conditions est rapportée.

La cour de Bordeaux a jugé dans le même sens, le 14 mars 1840, à l'occasion d'un mariage contracté dans l'Etat de New-York.

L'art. 121 du Code civil italien a établi une règle imitée de celle de notre art. 46.

Art. III. — **Formalités du mariage suivant les lois étrangères.**

Il nous reste à exposer les formes prescrites par les diverses lois étrangères pour la célébration du mariage.

La plupart d'entre elles ont été empruntées à notre Code civil ; d'autres s'en écartent sur divers points qu'il est utile de signaler. Quelques-unes de ces lois remontent à un certain nombre d'années, mais un grand nombre, et particulièrement celles des principaux Etats de l'Europe, notamment l'Allemagne, l'Italie et la Suisse, qui ont subi des transformations, sont tout à fait récentes.

Italie-Belgique. — Les lois belge et italienne, calquées sur notre Code civil, n'en sont que la reproduction en ce qui touche les formalités du mariage. Cependant, le Code italien ajoute, dans son art. 103, que « l'étranger qui veut se marier dans le royaume doit présenter à l'officier de l'état civil une déclaration de l'autorité compétente du pays auquel il appartient, constatant que, d'après sa loi personnelle, aucun obstacle ne s'oppose au mariage projeté. »

La même disposition se retrouve dans l'art. 31 de la loi du 24 décembre 1874 sur l'état civil de la Confédération suisse. Nous avons indiqué plus haut les mesures prises par le gourvernement français pour assurer l'exécution de cette prescription.

En France, cette formalité n'est pas ordonnée, mais elle est prévue par une circulaire ministérielle du 4 mars 1831, seulement à titre de conseil.

La production de cette pièce peut certainement, ainsi que le fait remarquer M. Fœlix (*Des mariages à l'étranger*, n° 12), présenter dans la pratique quelques difficultés. Mais, malgré l'opinion de cet auteur, nous croyons cette invitation parfaitement sage et de nature à fournir à l'officier de l'état civil un document utile pour apprécier la capacité de l'étranger qui comparaît devant lui. C'est ainsi que l'a compris la loi italienne.

Au surplus, il serait toujours facile de suppléer à l'absence de ce certificat par une décision de justice, autorité devant laquelle la partie pourrait être renvoyée à se pouvoir en cas de difficulté ou d'hésitation de la part de l'officier public. Ce moyen serait, suivant nous, préférable à l'acte de notoriété que prescrit une circulaire du procureur du roi de la Seine, du 7 juillet 1835. On sait ce que valent le plus souvent ces actes de notoriété, surtout lorsqu'ils ont pour but de constater des faits se passant à l'étranger. Les déclarations de témoins, souvent Français eux-mêmes, résultat de la complaisance, n'offrent qu'une médiocre garantie.

Il importe de signaler ici, une déclaration échangée entre la Belgique et la France le 18 octobre 1879, afin de simplifier la légalisation des pièces à produire par les nationaux de l'un des deux pays pour contracter mariage dans l'autre. Il suffit de la légalisation des actes à produire, soit par le président d'un tribunal, soit par un juge de Paix ou son suppléant. Cette facilité a été consentie à cause, dit l'exposé des motifs, de l'utilité de la mesure dont il s'agit, qui résulte de la contiguïté des territoires, de la fréquence des relations de voisinage et de la similitude de la législation qui est de nature à en faciliter l'application.

Allemagne. — Une disposition pareille est écrite dans l'art. 24 de la loi du 9 décembre 1875 du grand-duché de Bade, qui abroge les articles du Code civil de 1809, précédente loi de cet Etat.

Cette loi a eu pour effet de mettre en vigueur les principes posés par la loi de l'empire du 6 février précédent.

Cette dernière a établi, pour la première fois, en Allemagne, la règle adoptée chez nous depuis 1792, par laquelle les actes de l'état civil, enlevés à l'autorité ecclésiastique, dépendent uniquement de l'officier public émanant de l'Etat (art. 1er).

Le mariage doit être précédé d'une seule publication de bans (art. 44).

Elle est faite : 1° dans la commune du domicile de chacun des futurs époux ; 2° dans celle de leur résidence ; 3° dans leur précédent domicile s'ils en ont changé (art. 46).

L'art. 47 dispose que, si la publication doit être faite à l'étranger, au lieu de la voie d'affiche, elle le sera par l'insertion dans un journal de ce pays.

L'art. 52 n'exige la présence que de deux témoins majeurs, mais qui ne doivent pas être nécessairement du sexe masculin ; il est muet sur la publicité et l'obligation de recevoir le mariage dans la maison commune.

Remarquons enfin que cette même loi ne rend le consentement des ascendants nécessaire que jusqu'à l'âge de vingt-cinq ans pour les garçons et jusqu'à vingt-quatre pour les filles, après quoi il n'est besoin ni d'actes respectueux ni d'équivalents (art. 29). Encore n'exige-t-on pas le consentement simultané du père et de la mère. Si le contractant n'a ni père ni mère, il doit se pourvoir du consentement de son tuteur, mais seulement jusqu'à vingt et un ans, âge de la majorité ordinaire, aux termes de la loi du 17 février 1875.

Cette dérogation au principe de notre Code est d'autant plus remarquable que la loi dont nous nous occupons a eu pour but d'abroger les lois spéciales des divers Etats allemands qui se montraient autrement rigoureuses. Ainsi la loi prussienne, celle de Saxe, de Gotha, d'Altenbourg, de Saxe-Weimar exigeaient le consentement du père pendant toute la vie. Le Code badois prescrivait les actes respectueux.

Dans d'autres Etats, tels que Wurtemberg, Saxe, grand-duché de Hesse, le consentement simultané des père et mère, et, à défaut, des aïeuls et aïeules, était nécessaire.

La plupart des Etats allemands se sont empressés d'adopter par des lois spéciales, la loi générale de l'empire, avec quelques légères modifications de détail.

Citons notamment l'ordonnance du 17 octobre

1875, rendue en Bavière, la loi du Wurtemberg du 8 août de la même année et celle du 4 mars 1879, pour la Saxe.

Enfin l'ordonnance du 22 novembre 1875 a mis en application dans l'Alsace-Lorraine la loi du 6 février 1875. Triste conséquence d'une si douloureuse conquête.

Suisse. — Comme la constitution allemande, la loi fédérale suisse du 29 mai 1874 a fait cesser une contrariété de coutumes et de législations existant dans les divers cantons, et qui produisait les résultats les plus choquants. Elle a supprimé les obstacles locaux tirés des motifs confessionnels, de l'indigence, etc.

L'art. 54 de cette loi pose en principe que le droit au mariage est placé sous la protection de la Confédération.

L'art. 53 proclame que l'état civil et la tenue des registres qui s'y rapportent est du ressort des autorités civiles.

En vertu de cet article prescrivant que la législation fédérale statuerait à ce sujet par des dispositions ultérieures, l'assemblée fédérale adopta, le 24 décembre 1874, la loi sur l'état civil et le mariage, laquelle fut publiée le 27 janvier 1875 et est entrée en vigueur le 1er janvier suivant.

Après avoir rappelé le texte de l'art. 53, l'art. 1er de cette dernière loi ajoute : Les officiers de l'état civil doivent être laïques.

Les formalités matérielles sont empruntées à notre Code civil (art. 38).

Une seule publication est exigée au lieu du domicile et au lieu d'origine des époux (art. 29).

Enfin, le consentement du père et, à défaut, celui de la mère, n'est demandé que jusqu'à l'âge de vingt ans révolus pour les deux sexes (art. 27).

Pays-Bas. — Jusqu'en 1838, le Code civil français a été la loi de ce royaume. A cette époque il fut remplacé par un Code spécial calqué sur le nôtre, mais avec certaines modifications. Ce Code a conservé le principe du mariage civil et de ses conséquences ; il reconnaît le divorce comme une des causes de la dissolution du mariage.

Il exigeait que les actes de l'Etat civil fussent inscrits sur le même Registre, qui ne pouvait être scindé en plusieurs parties. Une loi de 24 juin 1879 a permis de remédier à cet inconvénient en autorisant la tenue de deux ou plusieurs Registres dans les communes où le besoin s'en fait sentir.

Espagne. — Les dispositions anciennes du droit espagnol étaient empruntées au droit canonique. Elles furent modifiées par la loi du 18 juin 1870, qui fit dépendre la validité du lien conjugal, quant à ses effets légaux, non plus tant des conditions prescrites par l'Eglise que de celles nouvellement introduites par l'Etat. Mais une loi modificative ou plutôt un décret du 9 février 1875 a fait revivre l'état ancien. Ce décret, qui est aujourd'hui la loi du pays, est un compromis entre le droit civil et le droit civil canonique. Il rend à l'autorité ecclésiastique le droit de recevoir les mariages des catholiques, mais en concurrence avec l'officier municipal.

Toutefois, l'art. 2 oblige ceux qui contractent mariage sous la forme religieuse à demander leur inscription sur le registre civil, en présentant un certificat du curé, dans les huit jours, sous peine d'amende.

Et l'art. 4 ajoute : « Le certificat de sacrement fera pleine preuve de sa célébration, après qu'il aura été inscrit sur le registre de l'état civil. »

Tel est l'état actuel de cette législation.

Portugal. — Ce royaume es trouve dans une situation à peu près pareille. Il est actuellement régi par un Code civil promulgué le 22 mars 1868, mais dont les dispositions relatives à l'état civil ont été suspendues et ne sont point encore mises en application par suite du défaut des règlements devant compléter cette matière.

L'ancienne législation portugaise suivait les principes du droit canonique eu égard au mariage. Les rédacteurs du Code civil voulurent le considérer comme un contrat de droit naturel et civil, mais le gouvernement, cédant à des influences religieuses, obtint des modifications qui n'aboutirent qu'à une certaine transaction bâtarde entre les deux systèmes.

Il en résulte que le mariage est aujourd'hui différent, suivant que les époux sont ou ne sont pas catholiques. Dans le premier cas, il est célébré suivant les formes établies par l'Église ; dans le second, il est reçu par l'officier de l'état civil (art. 1057) et suivant les formes de la loi civile qui ont été réglées par le décret du 28 novembre 1878.

A partir du Ier janvier 1879, les registres d'état civil pour les sujets Portugais non catholiques sont tenus, dans chaque commune ou arrondissement, (*Concelho* ou *Bairro*) par l'administrateur (*maire.*)

Art. 20. Les actes de l'état civil des étrangers domiciliés en Portugal pourront être écrits dans le registre civil, s'ils le demandent, d'après les dispositions de ce decret, pour autant qu'elles leur sont applicables.

On voit par là quelle anomalie présente cette loi et quelles en sont les regrettables conséquences au point de vue de l'unité de législation.

Suède. — La même anomalie existe en Suède. Le Code de 1734, modifié en quelques points par la loi du 11 décembre 1874, reconnaissait le ministre du culte comme officier de l'état civil. — Il en est de même en Norwège et en Danemark.

Cependant une loi du 31 octobre 1873 avait introduit dans la législation le mariage civil comme exception pour le cas où les deux conjoints n'appartiennent ni à l'Église nationale, ni à une confession autorisée.

Cette loi ajoutait que les fonctionnaires civils chargés de recevoir ces actes sont, dans les villes, le *magistrat*, et à la campagne le percepteur des contributions (*Kronofogde.*)

Enfin la loi du 15 octobre 1880 étend ces dispositions aux personnes qui, ne professant pas une religion étrangère, n'ont pas été baptisées ou n'appartiennent pas à l'Église suédoise.

Il serait bien temps de rétablir partout l'unité et de mettre un terme à toutes les tergiversations de ces législations qui luttent encore pour les anciennes coutumes contre les principes modernes !

Mexique. — Cet Etat est entré, en 1874, dans une voie plus large. La loi organique du 4 décembre de cette année (art. 22) proclame que « le mariage est un « contrat civil et, ainsi que tous les actes qui fixent l'état « civil des personnes, de la compétence exclusive des « fonctionnaires de l'ordre civil. »

Cette loi a accompli, pour la première fois dans ce pays, la séparation de l'Église et de l'Etat en cette matière.

Brésil. — D'après la législation brésilienne, le mariage est soumis aux décrets du Concile de Trente et la constatation appartient aux ministres du culte, comme celle des autres actes de l'état civil[1].

Le Concile de Trente exige seulement, pour la validité du mariage, en la forme, la présence du propre curé des époux ou d'un prêtre délégué par lui, et l'assistance de deux ou plusieurs témoins.

Aux termes d'un règlement de 1707, les curés doivent tenir des livres pour l'enregistrement des actes de naissance, mariages et décès, lesquels sont ensuite déposés aux archives de l'évêché.

Une loi du 11 septembre 1861 autorisa le gouvernement à régler la tenue des registres de l'état civil des personnes qui ne professent pas la loi de l'état et ce réglement a été édicté le 17 avril 1863.

Un autre règlement du 25 avril 1874 confia la tenue de ces registres aux greffiers des Juges de Paix, mais il ne fut pas régulièrement exécuté partout.

Aussi sur une proposition déposée à la chambre des députés dans la session de 1879, les questions de sécularisation des mariages et des registres de l'état civil ont-elles été vivement agitées. Un projet de loi fut adopté et renvoyé au sénat qui ne l'a pas encore discuté.

Etats-Unis. — Les formes de l'état civil et les conditions du mariage y varient suivant les états — ainsi, dans l'Illinois, aux termes d'un acte du Ier juillet 1879, quiconque célèbre un mariage sans y être autorisé par l'Etat est passible d'une amende de 500 dollars au plus.

---

[1] Il en est de même dans la République argentine.

Le divorce est admis dans tous les États. Il a été réglementé, dans celui de New-York par une loi du 16 avril 1879.

Haïti. — Les dispositions du Code français ont été reproduites par le Code civil de la République d'Haïti, promulgué le 27 mars 1825. Notons une légère différence à l'art. 153, qui donne comme limite aux trois actes respectueux l'âge de vingt-cinq ans pour les filles.

Autriche. — D'après le Code civil de 1811, le mariage devait toujours être célébré devant le prêtre de la religion des époux. Mais les lois du 25 mai 1868 et 9 avril 1870 ont, dans des cas exceptionnels, admis la célébration du mariage devant un fonctionnaire laïque, savoir : 1° en cas de refus du prêtre, fondé sur un empêchement reconnu par la loi religieuse, mais rejeté par la loi civile : 2° quand les époux déclarent n'appartenir à aucune religion reconnue.

C'était un premier progrès. On a voulu faire un pas de plus, et un projet de loi adopté par la Chambre des députés, dans la session 1875-1876, supprimait les empêchements au mariage que consacrait le Code de 1811 (art. 64) fondés sur la différence de religion. Ce projet a été rejeté, en 1877, par la Chambre des seigneurs.

Russie. — L'acte de mariage des Gréco-Russes est inscrit sur les registres de la paroisse, et la célébration a lieu à l'église en présence de deux on trois témoins.

La loi porte aussi diverses prescriptions pour le cas où les parties ou l'une d'elles professent d'autres cultes, chrétien ou non chrétien.

Angleterre. — Les actes 6 et 7 W. IV, C. 85, qui

régissent la tenue des registres de l'état civil, règlent les différentes manières de contracter mariage. A l'exception des quakers et des juifs, les parties peuvent adopter telle forme de mariage qu'elles jugent convenable, aucune déclaration de foi, aucune observance de rites particuliers n'étant requises.

Les mariages peuvent être célébrés selon les formes civiles, selon les formes religieuses ou selon les deux formes.

Il y a quatre manières de contracter légalement : 1° par la voie habituelle, c'est-à-dire la licence donnée par l'archevêque ou son suppléant, selon les rites de l'Eglise d'Angleterre ; 2° sur publication de bans selon les rites ; 3° par certificats sans ces bans ; 4° enfin les mariages peuvent être contractés dans quelque lieu consacré au culte ou dans le bureau du fonctionnaire proposé à l'inscription (*register.*)

On trouvera le détail des formalités à remplir pour ces divers modes dans le *Traité de droit anglais* de M. Alex. Laya (t. I, p. 299.)

Le consentement des parents n'est nécessaire que si les futurs époux sont mineurs de vingt-un ans et les sommations légales sont prohibées.

Encore suffit-il aux parties de déclarer par serment qu'elles ont obtenu le consentement demandé par la loi ou qu'elles n'ont point de parents dont elles aient à rapporter le consentement.

Cette prescription est même dépourvue de sanction sérieuse et le faux serment prêté en cette matière n'entraîne pas la nullité du mariage.

En cas d'opposition de la part des parents, l'affaire est portée devant le *Doctors' communes* ou le juge ecclésiastique si le mariage doit être religieux.

Toute personne a le droit de mettre opposition lorsque l'un des futurs est encore dans les liens d'un précédent mariage, lorsqu'il est atteint de démence ou que les futurs époux sont parents au degré prohibé.

Les opposants interviennent à leurs risques et périls et, si les motifs donnés par eux sont jugés vains ou mal fondés, ils peuvent être condamnés à des dommages-intérêts.

Si le futur époux est étranger, il doit, dans tous les cas, exiger la présence du register qui, seul, peut donner la validité à l'acte.

Une loi du 23 mai 1879 a eu pour but de régler les actes de l'état civil des militaires à l'étranger. Ils sont inscrits sur des registres spéciaux et transmis au *registrar général* d'Angleterre, d'Ecosse et d'Irlande.

Une autre loi de la même année valide les mariages célébrés avant sa promulgation par des officiers sur les bâtiments de la marine royale, mariage sur la validité desquels des doutes s'étaient élevés.

Notons ici une série de lois modernes qui a statué sur des matières relevant autrefois de la juridiction ecclésiastique et qui ont été transférées à la Cour des divorces et des causes matrimoniales par la loi du 28 août 1857. La dernière porte la date du 27 mai 1878, Ces remaniements successifs et qui seront probablement suivis de bien d'autres, montrent que la législation anglaise n'est pas arrivée du premier jet à un système complet et satisfaisant. Il serait trop long d'en présenter ici le détail. On y voit surtout la preuve de la préoccupation des anglais d'unifier une législation jusque là si variée et si peu uniforme.

Des mariages de Gretna-Green. — Pourquoi ne dirions-nous pas ici un mot d'une particularité originale dont l'opinion publique s'est souvent préoccupée et qui n'a plus aujourd'hui qu'une valeur historique? « Voyages semi-dramatiques, semi-légaux, dit M. Fœlix, connus sous le nom de mariages de Gretna-Green » (*Rev. étrang. de législ.*, t. IV, p. 7.)

Ces prétendus mariages n'avaient pas par eux-mêmes le caractère légal du contrat, mais s'ils ne produisaient pas les effets que la loi attache à l'acte régulier, il en résultait cependant, non seulement une obligation de conscience de contracter mariage, mais encore une obligation civile que la loi écossaise, conforme en cela à la loi canonique, attribue aux promesses de mariage.

D'après la législation canonique, en effet, les promesses *sponsalia de præsenti* étaient considérées comme ayant la même force que le mariage lui-même, et elles se convertissaient en un contrat parfait quand elles étaient suivies de la cohabitation.

La loi anglaise, qui avait d'abord sanctionné cette disposition du droit canonique, l'abolit par des lois postérieures (26 George II, — 4 George IV.)

« On conçoit dès lors, dit M. Fœlix, que le territoire
« de l'Ecosse fût devenu une espèce de lieu de refuge
« pour tous ceux qui rencontrent des obstacles à
« l'union matrimoniale qu'ils désirent contracter, et
« comme Gretna-Green est le premier village écossais
« de la frontière, c'est là que se solennise la lutte du
« nouveau droit civil avec le vieux droit canon, bloqué
« de toute part, et exerçant les derniers restes de sa
« puissance. Le célèbre maréchal de Gretna-Green n'a
« d'autre caractère que celui que la vogue ou le pré-
« jugé veulent bien lui donner, et tout certificat, signé
« de deux témoins, aurait autant de valeur juridique

« que l'acte délivré par le forgeron officier de l'état
« civil [1]. »

Or, ainsi que nous l'avons dit plus haut, comme la
loi anglaise reconnaît la validité des mariages contractés à l'étranger dans les formes du pays, les
Anglais faisaient souvent usage de la disposition du
droit écossais, et ces mariages contractés sur ce territoire produisaient leur effet en Angleterre.

Ils ont enfin été défendus par un acte du Parlement
adopté en 1856.

Art. IV. — Des publications de mariage

Ainsi que nous l'avons déjà indiqué, l'une des conditions imposées par l'art. 170 pour la validité des
mariages contractés à l'étranger est qu'ils soient pré-
cédés des publications prescrites par l'art. 63 du Code
civil.

Aux termes de cet article et des suivants, les publications doivent être faites, par l'officier de l'état civil à
deux reprises et à huit jours d'intervalle, un dimanche
devant la porte de la maison commune ou de celle
qui en tient lieu.

Un extrait de l'acte de publication est affiché à la
porte de cet établissement et y reste pendant les huit
jours qui séparent les deux publications.

L'acte est inscrit sur un registre particulier.

---

[1] Ce certificat rédigé de la manière la plus simple était ainsi conçu :
« Les présents sont pour certifier à tous ceux qui les verront que un
tel et une telle étant ici présents et ayant déclaré qu'ils étaient céliba-
taires, ont été mariés aujourd'hui selon les lois de l'Écosse, comme l'at-
testent nos signatures. »

Le mariage ne peut être célébré avant le troisième jour qui suit la dernière publication.

Si le mariage n'a pas été accompli dans l'année, il ne pourra l'être qu'après de nouvelles publications, faites dans la même forme que les premières.

Des dispenses de seconde publication, pour des causes graves, peuvent être accordées, au nom du gouvernement, par le procureur de la République de l'arrondissement dans lequel le mariage doit avoir lieu, et celui-ci est tenu de rendre compte au ministre de la justice des causes qui les ont motivées (ar. du 20 prairial an XI.)

Cette même dispense a été placée dans les attributions des consuls français à l'étranger (ord. du 23 oct. 1833.)

Telles sont les règles suivies en France. Les législations étrangères présentent à cet égard quelques variétés.

Les lois suisse et allemande n'exigent qu'une publication qui doit être faite au domicile et au lieu d'origine. — Cette dernière loi y ajoute la résidence.

Des facilités spéciales sont accordées, dans ce but, aux étrangers.

En Suisse, un délai de quartorze jours après la publication est imparti pour que, à défaut d'opposition, il puisse être procédé au mariage. Il en est de même en Allemagne.

En Danemark, en Suède et en Norwège, trois publications faites à trois dimanches consécutifs au prône de la paroisse des contractants sont nécessaires. Ces lois indiquent quelques cas exceptionnels dans lesquels cette formalité est ou restreinte ou même complètement supprimée.

Le même nombre de publications est nécessaire en Angleterre et en Ecosse, à moins de dispenses de l'Archevêque de Cantorbéry. Le mariage doit être célébré dans les trois mois à partir de la dernière publication ou des dispenses.

Ces règles de formes étant établies, nous allons examiner les trois points suivants :

1° En quels lieux les publications doivent-elles être faites ?

2° Le défaut de publications entraîne-t-il la nullité du mariage ?

3° Qui peut proposer cette nullité ?

§ 1. — *Où doivent être faites les publications ?*

L'art. 63, cité par l'art. 170, n'est pas le seul qui règle la matière des publications. Il est le premier d'une série d'articles du chap. III, concernant les formes matérielles du mariage devant l'officier de l'état civil, et qui se complète par les art. 166 et suiv.

Les uns et les autres trouvent leur application dans les mariages contractés à l'étranger, et il ne saurait en être autrement si l'on considère que la loi n'a pas pu logiquement être moins rigoureuse pour ceux-ci au point de vue des garanties de publicité.

L'énonciation de l'art. 170 n'est donc pas limitative et il faut en conclure que, dans les deux cas, les règles relatives aux publications sont les mêmes.

Ces publications doivent se faire : 1° au domicile actuel des parties contractantes (art. 166) ; 2° à leur précédent domicile, si elles n'ont pas six mois de résidence (art.

167); 3° au domicile de ceux à la puissance desquels elles sont soumises pour le mariage (art. 168).

Tel est le cercle dans lequel devront se mouvoir aussi les publications pour les mariages à l'étranger. La loi n'a imposé rien de plus ; elle a pensé sans doute qu'elle ne pouvait exiger l'accomplissement de cette même formalité sur un autre territoire.

D'autres législations cependant n'en ont point jugé ainsi :

Le Code civil d'Italie, art. 103, dit que, si l'étranger est domicilié dans le royaume, il doit faire précéder son mariage des publications prescrites par la loi italienne.

Les lois suisse et allemande disposent : la première, que, si la publication devant avoir lieu à l'étranger est refusée comme inutile ou inadmissible, elle est remplacée par un certificat constatant ce fait (art. 29) ; la seconde, que la publication à faire à l'étranger le sera par voie d'insertion dans un journal, au lieu de l'être par voie d'affiches (art. 47).

Ainsi la publication doit avoir lieu d'abord au domicile des époux. Quel est le sens légal de ce mot ?

Aux termes de l'art. 74, le domicile, quant au mariage, s'établit par six mois de résidence continue dans la même commune.

En est-il de même pour le mariage contracté à l'étranger ?

La loi est restée muette sur ce point et nous savons, par les délibérations qui ont précédé le Code civil, que ce silence a été volontaire. Le projet primitif portait une disposition spéciale appliquant le principe de l'art. 74 aux mariages à l'étranger, du moins entre Français. M. Réal fit observer que cette disposition avait été insérée pour obvier aux fraudes et aux abus que des habitants des pays frontières pouvaient commettre en haine des lois françaises, et néanmoins, sur l'avis du Premier Consul, elle fut supprimée comme inutile (Locré, *Lég. civ.*, t. IV, p. 351).

Nous devons donc considérer aujourd'hui l'art. 74 comme inapplicable à l'espèce. L'ordonnance du 23 octobre 1833, sur l'intervention des consuls comme officiers de l'état civil, en donne une nouvelle preuve. En effet, après avoir dit, dans son art. 14, que les publications de mariage seraient faites à la chancellerie du consulat, l'art. 15 ajoute : « Aucun consul ne pourra célébrer un mariage entre Français, s'il ne lui a été justifié des publications faites dans le lieu de la résidence, en outre des publications faites en France lorsque les deux futurs, ou l'un d'eux, ne seront pas résidants et immatriculés *depuis six mois* dans le consulat, et si les parents sous la puissance desquels l'une ou l'autre des parties se trouveraient relativement au mariage ont leur domicile en France. »

On ne voit pas d'ailleurs quelle aurait été l'utilité de cette résidence de six mois en pays étranger. D'une part, elle n'ajoutait rien au caractère de publicité que la loi a voulu donner au mariage ; d'autre part, elle n'empêchait pas que la publication fût également nécessaire au dernier domicile des contractants.

Il suffit donc, à cet égard, de suivre les règles du pays où le mariage est contracté.

Mais si le Français a quitté la France depuis longtemps et n'y a conservé aucun domicile, les publications doivent-elles et peuvent-elles même être faites en France ?

Les auteurs sont divisés sur ce point ; les uns, se

fondant sur le texte de l'art. 170, veulent qu'elles soient nécessaires dans tous les cas ; les autres admettent des exceptions plus ou moins étendues. La jurisprudence présente la même divergence sur cette question dont l'examen va se placer naturellement dans le paragraphe suivant.

§ 2. — *Le défaut de publications entraîne-t-il la nullité du mariage ?*

Ce point de droit assez délicat est des plus controversés. Nous allons résumer les longues discussions auxquelles il a donné lieu.

Pour en fixer exactement la base, il convient de rappeler tout d'abord les dispositions des lois qui s'appliquent aux publications et dont quelques-unes sont déjà fort anciennes.

Le concile de Latran, tenu en 1215, voulant étendre à toute la chrétienté un usage établi depuis longtemps en France, ordonna de publier à haute voix dans les églises les promesses de mariage, afin que ceux qui auraient à invoquer quelque empêchement le dénonçassent aux supérieurs ecclésiastiques.

Le concile de Trente renouvela cette disposition, qui fut convertie en loi civile par l'art. 40 de l'ordon-« nance de Blois portant : Pour obvier aux abus et « inconvénients qui adviennent des mariages clandes-« tins, ordonnons que nos sujets, de quelque état et « conditions qu'ils soient, ne pourront *valablement* « contracter mariage sans proclamation précédente « de bans, etc.

Ces prescriptions furent reproduites par l'édit de

décembre 1606, la déclaration de 1639, et enfin la loi du 20 septembre 1762.

Les art. 63 et 64 du Code civil réglèrent le mode de publication, mais sans leur donner la même sanction que l'ordonnance de Blois.

L'art. 170, au contraire, spécial aux mariages contractés à l'étranger, s'exprime ainsi : Le mariage sera valable... pourvu qu'il ait été précédé des publications prescrites par l'art. 63.

Il faut cependant mettre les termes de cet article en regard de ceux de l'art. 3 qui dispose : les lois concernant l'état et la capacité des personnes régissent le Français résidant en pays étranger.

Tel est le principe général ! or, quelle est, au point de vue de la capacité, l'influence des publications sur la validité du mariage accompli en France ? Ici, tout le monde est d'accord : le défaut de publications n'entraîne pas la nullité du mariage. Cette omission n'est considérée que comme un des éléments de la clandestinité de l'union conjugale ; elle ne constitue pas, à elle seule, cette clandestinité, condition réelle de la nullité de l'acte.

Au premier abord, les dispositions de ces deux articles peuvent paraître inconciliables. Si l'on prend à la lettre les termes de l'art. 170, le mariage fait sans publications ne serait pas valable, et cependant la capacité du contractant à l'étranger est la même que celle du citoyen sur le territoire français.

La règle posée par l'un de ces articles devra-t-elle donc s'incliner devant celle de l'autre ? Si ces règles sont contradictoires, laquelle aura la préférence ?

C'est de cette contradiction apparente des deux textes qu'est résultée la controverse. Elle se résout en trois systèmes, deux extrêmes et un moyen qui tend à concilier les deux autres.

Nullité absolue, disent les uns. Point de nullité, répondent les autres ! — Suivant les cas, ajoutent les troisièmes, il y aura ou il n'y aura pas nullité ; les tribunaux ont un pouvoir discrétionnaire pour l'apprécier.

Sur quels arguments se fondent ces trois systèmes ?

Le premier se base principalement sur le texte même de l'art. 170. M. Marcadé (sur l'art. 170, § 2), qui le soutient avec le plus d'énergie, se livre à cet égard à une discussion grammaticale qui semble ne rien laisser à désirer. Suivant cet auteur, ces mots : *ne sera pas valable*, équivalent absolument à ceux : *seront nuls*. La conjonction *pourvu que* exprime un moyen nécessaire, une condition *sine quâ non*, aucune raison ne doit prévaloir contre la rigueur de ce texte, aussi fait-il bon marché de tous les autres moyens invoqués par ses adversaires.

On ajoute que les publications sont le seul élément de publicité que le mariage contracté en pays étranger puisse obtenir en France, et qu'il doit être d'autant plus rigoureusement sauvegardé que cette importante formalité se trouverait dépourvue de sanction, l'officier de l'état civil étranger échappant à la peine que l'art. 192 prononce contre l'officier français qui l'aurait négligée.

L'opinion contraire invoque l'esprit du législateur tel qu'il résulte des discussions de l'art. 170 au conseil d'Etat. Le premier consul, toujours pratique, après avoir dit qu'il ne convenait pas d'ordonner les publications lorsqu'elles seraient impraticables, voulait que l'on se bornât à exiger les conditions prescrites par le chap. 1er. M. Tronchet répondit que la formalité des publications est exigée précisément pour empêcher les contraventions aux dispositions de ce chapitre (Locré, t. IV, p. 351). On en a conclu que, dans l'intention des rédacteurs du Code, la publicité n'est qu'une condition secondaire, et qu'elle n'a été considérée que comme un moyen d'empêcher les contraventions au chap. 1er.

Quant à l'argument de texte, si vivement mis en lumière par M. Marcadé, ses adversaires répondent qu'il a si peu de valeur que, si on le prenait à la lettre il faudrait l'appliquer également à la deuxième partie de l'article. Or, comment soutenir que, contrairement aux dispositions de la loi qui s'en explique formellement, on puisse frapper de nullité certaines conditions du chapitre 1er et cela en vertu de l'art. 170? que deviendrait alors le principe général de l'art. 3? pourquoi la loi aurait-elle été plus rigoureuse à cet égard pour les mariages à l'étranger que pour ceux contractés en France?

Telle est l'opinion de MM. Merlin, Vazeilles, Aubry et Rau, Zachariæ, Vallette sur Proudhon.

Il suffit d'examiner attentivement les conséquences excessives et illogiques qu'entraînerait l'application outrée d'un texte grammatical pour en découvrir la faiblesse.

Il n'est point inutile de signaler que, malgré les termes formels et rigoureux de l'ordonnance de Blois, citée plus haut, les parlements n'attachaient pas la peine de nullité au défaut de publications. C'est ainsi que l'avait décidé le parlement de Paris par trois arrêts de 1633, 1634 et 1638.

Il a été jugé aussi que la loi du 20 septembre 1792 ne frappait pas non plus de cette peine l'omission des publications qu'elle prescrivait cependant dans des termes identiques (Cass., 12 prairial an XI).

Rien ne s'oppose donc à ce qu'on interprète dans le même sens l'art. 170.

Ajoutons que le législateur, prévenu par la jurisprudence des parlements du sens que l'on donnait aux expressions de l'ordonnance de Blois, ne les aurait pas reproduites dans l'art. 170, s'il en avait reconnu l'obscurité. Il lui était facile de faire disparaître toute hésitation en employant une formule plus absolue encore et ne laissant aucune porte ouverte à la controverse.

Il ne l'a pas fait, et nous trouvons au contraire dans la discussion du même article au Conseil d'Etat des observations qui en déterminent clairement le sens. M. Tronchet dit que : dispenser le Français résidant à l'étranger de faire publier son mariage en France, ce ne serait point violer la disposition relative au consentement de la famille. Il faut en effet saisir l'esprit de l'ensemble de la loi et l'on verra par la suite que le défaut de consentement des ascendants n'annule absolument le mariage que lorsqu'il est entaché d'autres vices.

Quant à l'argument tiré de ce que la pénalité prononcée par les art. 192 et 193 ne peut atteindre l'officier public étranger, il n'a pas une grande valeur, légament parlant.

« Il existe seulement cette différence, dit M. Fœlix « (*Des mariages contractés en pays étrangers*, chap. 1, « n° 4), que, dans ce dernier cas, il y a impossibilité « d'appliquer l'amende contre l'officier de l'état civil

« qui n'est pas soumis à la juridiction française ; mais
« cette circonstance ne saurait pas entraîner de plein
« droit une modification de la loi, et transformer la dis-
« position qui prononce une amende contre l'officier
« de l'état civil en une disposition qui déclare nul le
« mariage entre les parties. »

« La doctrine contraire, ajoute cet auteur, aurait
« pour conséquence d'établir en principe que l'auteur
« d'une contravention par le fait duquel son complice
« échappe à la punition pourrait, outre la peine légale
« comminée contre lui-même, être fr appé par le juge
« d'une peine extraordinaire non prononcée par la
« loi. »

Comme on le voit, M. Fœlix n'attache pas au texte
de l'article la même valeur que M. Marcadé, et il admet que, suivant les cas, les juges français peuvent
prononcer la nullité du mariage pour inobservation
des règles et solennités prescrites par le Code.

C'est aussi l'opinion soutenue par M. Demolombe
et qui forme le système intermédiaire.

D'après ce savant jurisconsulte, le mariage n'est
pas nul de plein droit, mais il peut être annulé s'il
résulte des circonstances la preuve que le défaut de
publications a eu lieu à dessein et en vue d'éluder la
loi française, autrement dit, de porter atteint e au principe de la publicité qui est une des conditions essentielles de cet acte.

Il en sera donc pour les mariages contractés à l'é-
tranger comme pour ceux passés en France ; les
mêmes nullités leur seront applicables. Or, la clandestinité forme une nullité qu'il appartient aux tribunaux
d'apprécier, ce qui se réduit à une question de fait.
Y a-t-il eu bonne foi de la part des parties contrac-

tantes ? leur intention au contraire a-t-elle été de se soustraire à la loi, de cacher leur mariage ? la nullité sera ou ne sera pas encourue.

Ainsi, ce n'est plus dans l'exécution ou l'oubli de la formalité des publications que réside le vice, c'est dans ses conséquences. Cette formalité n'est qu'un moyen de contrôle, un élément de preuve pour déterminer s'il y a eu publicité ou clandestinité. En France le défaut de publication n'est point, par lui seul, une cause de nullité ; il ne le sera pas à l'étranger.

Pour nous, nous n'hésitons pas à repousser l'opinion trop absolue de Marcadé ; il ne nous semble pas que son argument purement grammatical doive prévaloir contre l'intention du législateur, l'esprit général de la loi et le principe admis pour le mariage sur le territoire français.

Cela est si vrai que tous, auteurs et arrêts, s'accordent à reconnaître que « les formalités relatives aux publications ayant en vue certaines personnes et certaines circonstances, lorsqu'il n'existe point d'empêchement dirimant et lorsque ces circonstances ont cessé de subsister, le vice du mariage peut être couvert (cass. 17 août 1841).

Ainsi cette nullité ne serait pas absolue, d'ordre public, puisqu'elle peut être couverte soit par l'approbation postérieure du père et de la mère, soit par la possession d'état.

Cette considération me paraît être la meilleure qu'on puisse opposer aux termes mêmes de l'art. 170.

En effet, si, comme le veut Marcadé ou comme l'indiquent quelques arrêts, la nullité était absolue, comment pourrait-elle être couverte par des faits postérieurs ?

Non, cette obligation ne saurait être telle qu'on veut bien le croire et, à cet égard, il nous semble que la théorie des trois systèmes que nous venons de rappeler n'est pas exacte. Il n'y a en réalité que deux interprétations possibles ; l'une entraînant la nullité dans tous les cas, l'autre la nullité suivant les espèces.

La première est logique, mais elle part d'une base fausse et c'est pourquoi nous la repoussons.

La seconde s'appuie sur un autre texte non moins précis, celui de l'art. 191. D'après cet article, la publicité est la condition essentielle de tout mariage contracté par un français et nous devons ajouter, soit en France, soit à l'étranger.

Si cette publicité manque, par défaut de publication ou par tout autre motif, le mariage est nul et c'est aux tribunaux à le proclamer. « Ainsi tempéré, dit M. Demolombe (cour analytique de code civil, tom. 1. N° 242) ce pouvoir d'annulation formera une sanction suffisante pour les empêchements prohibitifs qui, au cas particulier, n'en trouveront pas dans les peines dont notre loi frappe l'officier public. »

Aussi la Cour de cassation, envisageant la question sous ce jour nouveau, en est arrivée à admettre cette conclusion (arrêt du 28 mars 1854) qui reste ainsi également éloignée des deux théories radicales. C'est dans ce sens que la jurisprudence est aujourd'hui fixée et nous nous serions bornés à cette constatation si nous n'avions cru intéressant de résumer cette discussion qui offre vraiment de l'intérêt à divers points de vue et peut se reproduire fréquemment.

Cette jurisprudence a été longtemps hésitante. Jusqu'en 1841, elle s'était prononcée pour la nullité dérivant du défaut de publications. Dans le courant de cette année, deux arrêts furent rendus, l'un du 17 août et l'autre du 18, et, bien qu'émanant de la même chambre des requêtes, à vingt-quatre heures d'intervalle, ils se prononcèrent dans un sens diamétralement opposé. Cette circonstance est d'autant plus remarquable que le rapporteur du premier de ces arrêts disait : « Cette question, autrefois controversée, ne « peut plus être sérieusement discutée devant vous, « depuis que vous l'avez jugée par deux arrêts formels, l'un du 9 mars 1831, l'autre du 6 mars « 1837. »

Et cependant, dès le lendemain, par un retour subit, la Cour suprême changeait sa jurisprudence ! Elle a persisté depuis lors dans cette nouvelle voie où les cours d'appel et les tribunaux l'ont suivie.

Espérons que cette interprétation, suivant nous, plus rationnelle et plus conforme aux principes, restera définitivement admise. (Voir notamment l'arrêt de la ch. des req. du 8 mars 1875. — Dalloz, 75, 1, p. 482.) Et celui de la Cour de Lyon 28 fév. 1880 (Dalloz 81. 1. 310.)

Il doit en être à plus forte raison ainsi dans le cas où le mariage est contracté par un Français résidant depuis longtemps dans le pays et qui n'a conservé en France aucun domicile. Il n'est alors tenu aux publications que s'il se trouve, relativement au mariage, sous la puissance d'autrui au domicile duquel elles doivent se faire. Tel est l'esprit de l'art. 170, ainsi qu'il résulte de la discussion au conseil d'Etat (Locré, p. 351). C'est aussi l'opinion de M. Malleville et de la majorité des auteurs.

§ 3. — *Qui peut proposer cette nullité ?*

Les questions que soulève ce paragraphe sont plus simples et moins sujettes à discussion, aussi seront-elles brièvement exposées.

Les seules personnes ayant qualité pour opposer la nullité dont nous parlons sont, suivant les cas : les époux eux-mêmes, leurs représentants ou les personnes dont le consentement était nécessaire.

C'est la conséquence de cette double règle : 1° l'absence de publications ne constitue qu'une nullité relative ; 2° que les publications n'ont d'autre but, en portant le mariage à la connaissance de tous, que de provoquer la révélation des causes d'empêchement et par suite de donner ouverture aux oppositions.

Cette nullité n'est donc pas opposable par les collatéraux dont l'intérêt indirect et tout à fait secondaire à l'exécution de la formalité les rend non recevables à s'en prévaloir. Il en est de même pour le ministère public.

Elle est couverte : 1° à l'égard des époux eux-mêmes, par la possession d'état appuyée de la production de l'acte de célébration du mariage ;

2° A l'égard de ceux dont le consentement est requis :

Par leur consentement postérieur ;

Par le silence gardé pendant une année, ce qui résulte des termes restrictifs des art. 183 (Cass., 8 mars 1875) ;

Enfin par leur ratification résultant de ce qu'ils

ont reçu les époux dans leur domicile pendant plus d'une année.

Tous ces principes ont été reconnus et sanctionnés par de nombreux documents de jurisprudence.

Art. V. — De la transcription des actes de mariage.

Lorsque le mariage a été régulièrement accompli devant l'autorité compétente à l'étranger, l'acte qui le constate est encore soumis à une formalité spéciale en France, celle de la transcription.

« Dans les trois mois après le retour des Français « sur le territoire du royaume, dit l'art. 171, l'acte de « célébration de mariage contracté en pays étranger « sera transcrit sur le registre public des mariages « du lieu de son domicile. »

Le projet primitif de cet article portait ces mots : *trois mois après...*, mais, sur les observations du Tribunat, on y substitua ceux qui y ont été définitivement inscrits. On craignit que cette formule ne fût interprétée dans ce sens, que la transcription ne pût et ne dût même être faite qu'après l'expiration de ce délai à partir du retour, tandis que l'intention du législateur était assurément de fixer le temps pendant lequel la transcription devait avoir lieu. Une interprétation contraire eût été le résultat d'une grossière équivoque ; mais l'étude des lois prouve que, pour éviter toute controverse, le législateur ne saurait être trop précis, et encore n'y réussit-il pas toujours.

L'art. 7 de l'ordonnance du 23 octobre 1833, qui

prescrit aux consuls d'adresser au ministre des affaires étrangères le double des registres de l'état civil, a pour conséquence, du moins indirecte, de faire remplir cette formalité. Il serait toutefois fort imprudent, de la part des contractants, d'abandonner ce soin à l'autorité et de ne pas en assurer eux-mêmes l'accomplissement.

Quelle est la conséquence du défaut de transcription dans les trois mois ? Une circulaire du garde des sceaux du 7 mai 1822 nous l'indique ; après ce délai, la transcription doit être autorisée par un jugement.

Cette prescription n'est que l'application du principe posé par l'avis du conseil d'Etat du 12 brumaire an XI relatif aux rédaction ou inscription tardives des actes de l'état civil. M. Demante (n° 243 *bis*) la trouve trop rigoureuse, et cependant elle est parfaitement logique. Quelles seraient en effet l'utilité, la sanction du délai imparti par l'art. 171, s'il n'avait même pas pour effet de fixer le temps pendant lequel les officiers de l'état civil devraient *de plano* transcrire l'acte de mariage qui leur est présenté ? Pourquoi ce délai, s'il peut être dépassé au gré du caprice ou de la fantaisie de chacun ? Si, comme nous allons le voir, la nullité de l'acte n'est pas la conséquence de cette transgression, qu'il soit au moins entendu que, après le délai de trois mois, l'acte ne peut être transcrit qu'avec l'autorisation de justice.

La même règle s'applique à l'acte de naissance qui n'a pas été reçu dans les trois jours.

Faisons du reste remarquer, avec M. Demolombe (n° 229), que la loi n'impose la transcription que dans les trois mois du retour du Français en France et non dans les trois mois du mariage. Cela indique assez que si le Français continue à résider à l'étranger, il n'est pas tenu de remplir cette formalité. Le législateur a pensé sans doute que, tant que le citoyen réside au dehors, il y a peu d'utilité à donner à son mariage ce nouvel élément de publicité ; — qu'il lui sera plus difficile de se lier à des Français par des contrats qui, dans l'ignorance du mariage, pourraient être nuisibles aux intérêts de ceux-ci ; — qu'enfin l'éloignement rendait la transcription moins aisée. Telles sont du moins les suppositions possibles à cet égard, car rien dans les rapports n'indique les intentions du législateur.

M. Portalis seul a fait une observation qui est plutôt une phrase à effet qu'une véritable raison : « Il faut même, a-t-il dit, que, trois mois après son retour, le Français qui s'est marié ailleurs qu'en France vienne faire hommage à sa patrie du titre qui l'a rendu époux et père, et qu'il naturalise ce titre en le faisant inscrire dans un registre national » (Exp. des motifs, § 32).

Si, à son retour, le Français prend un autre domicile que celui qu'il avait précédemment, la transcription doit être faite dans les deux communes, ainsi que le prescrit la circulaire du garde des sceaux du 7 mai 1822.

La majorité des législations étrangères ont admis la nécessité de la transcription ; quelques-unes toutefois donnent à cette formalité une sanction qu'on ne rencontre pas dans notre loi.

Ainsi le Code italien, en reproduisant, dans son art. 111, la disposition de l'art. 171, y ajoute comme sanction une amende pouvant s'élever jusqu'à cent lires.

Le Code d'Haïti va plus loin et, après avoir assuré

par une amende l'exécution de cette prescription, il ajoute que l'acte ne pourra produire aucun effet, avant d'avoir été enregistré au bureau de l'état civil (art. 157).

Le décret du 28 novembre 1878 réglant la tenue des Registres de l'état civil en Portugal est moins rigoureux. L'art. 18 s'exprime ainsi : « Les actes de l'état civil faits hors du domicile des parties intéressées pourront, sur leur requête, être transcrits dans le Registre civil de leur domicile, sur la foi de certificats authentiques délivrés par les administrateurs compétents. » Il ne vise pas spécialement du reste les mariages contractés à l'étranger.

C'est volontairement et non par le fait d'un oubli que la loi française n'a pas puni d'une amende le manquement à cette formalité. Si nous nous reportons aux travaux préparatoires, nous voyons que le projet primitif de l'art. 171 portait une double obligation et une double peine : 1° la nécessité de l'enregistrement à peine du double droit ; 2° celle de la transcription et à défaut une amende de 100 à 1,000 fr. Cependant lors de la discussion de cet article au conseil d'Etat, ces deux dispositions disparurent. M. Réal fit observer que : « la disposition pénale n'appartient pas au Code « civil, sa place naturelle étant dans les lois sur l'enre- « gistrement où déjà elle se trouve. » M. Tronchet ajouta qu'il voudrait que la peine de la contravention fût une amende, indépendamment du double droit, mais l'article fut adopté avec cette suppression.

Il semble résulter de l'observation de M. Réal que la loi fiscale frappe d'une certaine peine le défaut de transcription, et cependant on cherche vainement cette peine dans les lois spéciales à l'enregistrement ; elle ne se trouve nulle part.

Déjà le décret des 20-25 septembre 1792, tit. 2, art. 7, avait disposé que les actes inscrits sur les registres de l'état civil ne seront point soumis au droit d'enregistrement. Or, s'il n'y a pas enregistrement, il ne peut y avoir double droit. C'est donc par suite d'une erreur de ce Conseiller d'Etat qu'il ne fut pas donné suite à la proposition de MM. Tronchet et Defermon. L'aurait-on admise sans cela ? Nous ne pouvons le dire, mais, en l'état, il suffit de constater qu'aucune peine n'atteint l'oubli de cette formalité, et que l'art. 171 n'a voulu qu'une chose, obliger l'officier de l'état civil à transcrire l'acte de mariage lorsqu'il lui est représenté et engager la partie à provoquer cette transcription.

Quant à la nullité de l'acte qui pourrait être la conséquence de défaut de transcription, elle ne résulte ni du texte ni de l'esprit de la loi et nous en trouvons la preuve dans la discussion de l'art. 47.

M. Tronchet ayant proposé d'ajouter à cet article l'obligation de reporter les actes de mariage sur les registres tenus en France, M. Bigot-Préameneu demanda si l'omission de cette formalité entraînerait la nullité de l'acte. M. Tronchet répondit négativement et retira sa proposition. L'art. 47 fut donc adopté tel qu'il se trouve aujourd'hui dans le Code.

Ainsi pas de doute à cet égard, point de nullité. Les auteurs et la jurisprudence l'ont toujours reconnu, et le dernier jugement rendu sur cette question reproduit en ces termes cette théorie : « La transcrip-« tion de l'acte de célébration sur les registres de l'état « civil français n'est qu'une mesure d'ordre dont l'inob-

« servation peut être invoquée par les tiers lorsqu'elle leur préjudicie, mais elle ne saurait, vis-à-vis des époux « eux-mêmes, destituer un mariage régulier de ses « effets civils » (Trib. de la Seine, 21 novembre 1877, aff. Denis).

Mais s'il n'y a pas nullité, quelle est donc, s'est-on demandé, la sanction du non-accomplissement de l'art. 171 ?

Comme dans la question des publications, les opinions des auteurs sont partagées ; les uns se montrent plus sévères que les autres sur les conséquences de la faute.

Tous cependant s'accordent sur un point qui peut être pris comme terme moyen, puisqu'il est, la conséquence des principes généraux du droit, principes que résume l'art. 1382 ainsi conçu : « Tout fait quelconque de l'homme qui cause à autrui un dommage oblige celui par la faute de qui il est arrivé à le réparer. »

Or, si la publicité du mariage est une des conditions pour que les parties contractantes connaissent la véritable situation de celui avec lequel ils contractent, la transcription de l'acte est un des moyens les plus efficaces à produire cette publicité. Il s'ensuit que si, par l'oubli de cette formalité, on a volontairement induit quelqu'un en erreur, on est responsable du dommage à lui occasionné.

Telle est la thèse soutenue vivement par M. Mourlon, dans un remarquable article publié dans la *Revue du droit français et étranger* (année 1844, p. 885), et adoptée par MM. Fœlix, Demolombe, Troplong.

Ce dernier auteur termine sa discussion en disant que, si le mariage a été tenu secret, les tribunaux peuvent, eu égard à la bonne foi des tiers et à la conduite des époux, déclarer que le mariage est réputé ne point exister à l'encontre des premiers.

Ces principes trouvent surtout leur application en ce qui touche l'hypothèque légale.

Quelques auteurs, notamment Duranton (t. 20, n° 21) ont pensé que les tiers ayant pris inscription sur l'immeuble du mari *après les trois mois*, mais avant la transcription de l'acte de mariage, devraient être préférés à la femme, parce qu'il n'y avait pas eu de publicité légale pour eux au moment du contrat.

Et cependant, prévoyant le cas où le créancier, ayant pris inscription avant l'échéance de trois mois, se trouverait évincé par l'hypothèque légale inscrite postérieurement à la sienne, mais avant l'échéance du délai, le même auteur conclut à la priorité de l'hypothèque de la femme. « Ce créancier, dit-il, ne pourrait prétendre que le mariage lui était inconnu, puisque la transcription n'était pas encore faite à ce moment ; la femme lui répondrait avec raison qu'elle a observé la loi et que par conséquent elle doit être traitée comme si elle s'était mariée en France. »

Ce raisonnement est parfaitement logique, mais il prouve qu'en fait d'équité, rien n'est absolu et que certains droits, dérivant de la loi même, peuvent léser d'autres intérêts.

Il est évident en effet que la position du créancier dans ces deux cas est également intéressante, puisqu'il a été trompé sur la situation de son débiteur. Mais il fallait bien aussi accorder protection à la femme, sanctionner le principe de l'hypothèque légale et le mettre d'accord avec lui-même. D'autre part, il fallait un délai moral pour la transcription, et voilà comment le créancier se trouvera évincé sans avoir commis aucune faute et par un fait qui lui sera étranger.

Ainsi se trouvent consacrés les principes résumés par l'arrêt de cass. du 23 novembre 1840 :

« Que l'hypothèque légale est un effet civil et une conséquence nécessaire de l'état de la femme ou du mariage qui constitue cet état ;

« Que si les contrats passés en pays étrangers ne donnent pas hypothèque en France, il en est autrement du contrat de mariage, suivi de la célébration, qui seule peut lui donner force et valeur.

« Que ces contrats ne sont pas de simples contrats civils, mais en ce cas de véritables contrats du droit des gens, valables entre toutes les nations et en tout pays, toutes les fois que leur date et leur authenticité sont certaines. »

Concluons donc en disant que la transcription de l'acte est une mesure utile, nécessaire, mais qui ne porte aucune atteinte à la validité du mariage ; qu'elle laisse intacts les droits de la femme, laquelle n'est pas chargée personnellement de son exécution, et que le mari seul est responsable, dans certains cas, des conséquences de l'inaccomplissement de cette formalité.

Mais quelles que soient ces conséquences, nous devons appliquer ici ce que nous disions plus haut pour les publications : ce vice ne pourrait être proposé ni par le mari, auteur lui-même de la faute, ni par les héritiers de l'un des époux.

Il serait couvert par une longue possession d'état qui donne au mariage une publicité suffisante.

La jurisprudence s'est prononcée en ce sens par divers arrêts.

Rappelons enfin deux prescriptions toutes matérielles relatives aux actes à transcrire :

La première est qu'aux termes des art. 1 et 13 de la loi du 13 brumaire an VII, ils doivent être visés pour timbre.

La seconde que, s'ils sont rédigés, comme cela arrive le plus souvent, en langue étrangère, l'officier de l'état civil ne les transcrira pas en cette langue, mais il devra en exiger une traduction faite par un traducteur juré. Ces deux pièces, original et traduction, après avoir été paraphées par l'officier public et les parties produisantes sont annexées au registre lui-même.

Nous avons ainsi parcouru les diverses questions que soulève le mariage à l'étranger au point de vue de la forme des actes, nous allons maintenant l'examiner sous le rapport du fond ; ce sera l'objet de la deuxième section.

SECTION II

DU MARIAGE CONSIDÉRÉ SOUS LE RAPPORT DU FOND

« La forme du contract, disait Portalis dans l'exposé
« des motifs, est réglée par les lois du lieu où il est
« passé ; mais tout ce qui touche à la substance même
« du contrat, aux qualités et aux conditions qui déter-
« minent la capacité des contractants, continue d'être
« gouverné par la loi française. »

Après avoir examiné la première de ces propositions, nous devons étudier la seconde.

Elle n'est en réalité que l'application du principe du statut personnel proclamé par l'art. 3 du Code civil.

Nous nous sommes suffisamment expliqué sur ce principe dans le chapitre précédent, nous n'aurons donc plus ici qu'à en exposer rapidement les principales conséquences.

Plaçons d'abord cette partie de notre étude sous l'invocation de ce principe général que les règles touchant la validité des mariages contractés en France sont applicables à ceux contractés à l'étranger.

Elles sont fixées par le chap. 1er du Code civil, en ce qui concerne la capacité personnelle des parties.

Les art. 144 à 164 composant ce chapitre ne sont pas les seuls cependant ayant trait aux questions de statut personnel ; d'autres sont dans le même cas et, quoique l'art. 170 n'en fasse pas mention, il est évident qu'ils trouvent également ici leur application.

Ainsi, l'art. 25 rendait la personne frappée de mort civile, incapable de contracter un mariage pouvant produire ses effets civils, et cette incapacité la suit jusque devant le magistrat étranger. Elle n'existe plus aujourd'hui, puisque la loi du 31 mai 1854 a aboli la mort civile.

Il en était de même de la prohibition du mariage infligée par l'art. 198 au complice de l'adultère, lorsque ce fait avait entraîné le divorce. Le divorce a été également aboli, mais l'on ne saurait, par analogie, étendre cette prohibition au cas de séparation de corps.

D'autres prohibitions sont édictées par l'art. 348 en ce qui touche l'adoption.

Ce sont là des lois personnelles qui forment obstacle

au mariage comme conséquence nécessaire du principe.

Il en est de même de l'empêchement relatif et temporaire dérivant de l'art. 238, qui défend à la femme de se remarier avant l'expiration des dix mois qui suivent la dissolution du précédent mariage.

Les lois ou la jurisprudence anciennes reconnaissaient d'autres empêchements résultant de diverses causes, telles que les fiançailles, les vœux religieux, l'impuissance. Le Code civil n'a pas admis ces empêchements ou ne s'est pas prononcé à leur égard. Disons cependant un mot de chacun d'eux ; ils sont intéressants au moins au point de vue historique.

I. — FIANÇAILLES

« Les canonistes, dit Pothier (*Traité du cont. de*
« *mariage*, 2° part., ch. 1), distinguent deux espèces
« de fiançailles: celles qui se font par paroles du
« présent et celles qui se font par paroles du futur. »

Les premières furent proscrites par le Concile de Trente et l'ordonnance de Blois et cessèrent alors de produire aucun effet.

Les secondes seules conservèrent leur valeur qui consistait : 1° à former pour chacune des parties un engagement réciproque d'accomplir la promesse lorsqu'elle en sera requise par l'autre partie ; 2° à constituer un empêchement prohibitif s'opposant à ce que les auteurs de la promesse puissent, pendant qu'elle subsiste, se marier licitement à une autre personne.

Cet engagement n'a jamais été considéré comme dirimant.

En vertu des principes de notre loi, toute convention par laquelle on lie indéfiniment sa liberté étant nulle de plein droit, il s'ensuit que la promesse de mariage non suivie d'effet demeure nulle et non avenue.

Elle ne peut plus donner lieu, et la jurisprudence l'a plusieurs fois proclamé, qu'à des dommages-intérêts résultant des dépenses occasionnées par les préliminaires du mariage projeté.

C'est dans ce sens que paraît devoir être modifiée prochainement la loi anglaise, sur la motion d'un membre du Parlement adoptée le 6 mai 1879 par la Chambre des communes.

Personne n'ignore à quels ridicules abus et à quels plaisants débats entraîne, dans ce pays, la loi originairement instituée sur les actions en rupture de promesse de mariage.

II. — VŒUX RELIGIEUX.

Nous ne nous étendrons pas sur la question si souvent discutée de la reconnaissance par la loi civile des engagements dans les ordres sacrés et des vœux religieux, lesquels étaient considérés, depuis le commencement du douzième siècle, comme un empêchement dirimant au mariage. Ils furent abolis par le décret du 13 février 1790.

Le Code civil est muet sur ce point, et ce n'est que comme conséquence indirecte de la reconnaissance faite par le Concordat des vœux perpétuels des prêtres, que la jurisprudence, contrairement à l'opinion de quelques auteurs, et aux déclarations de MM. Portalis et Gillet au conseil d'Etat et au Tribunat, a admis que ces vœux formaient un empêchement, même dirimant, au mariage.

Le dernier arrêt de la Cour de cassation sur cette matière est du 26 février 1878 ; posant en principe que le Code civil, ni les lois constitutionnelles ne renferment aucune dérogation aux art. 6 et 26 de la loi organique du Concordat de germinal an X, il en induit que le mariage contracté par le prêtre catholique est nul.

Dans tous les cas, il faudrait établir une différence entre les vœux religieux et monastiques en général et ceux consentis par les sœurs hospitalières, en vertu du D. du 18 fév. 1809 qui est encore en vigueur. Ils forment un engagement légal pendant la période de leur durée qui est de un à cinq ans. M. Demolombe (*Du mariage*, t. 3. n° 132), bien que partisan de la non-prohibition pour les premiers, conclut à la légalité de ceux-ci.

Du reste, cette question est trop indirectement rattachée à notre sujet pour que nous puissions l'examiner ici avec le soin qu'elle mériterait.

Disons cependant un mot des législations étrangères :

L'art. 6 du D. du 9 février 1875, reproduisant l'art. 5 de la loi du 18 juin 1870 sur l'état civil en Espagne, prononce la nullité du mariage : « de ceux « qui ont été ordonnés *in sacris*, ou sont liés par un « vœu solennel de chasteté à quelque ordre approuvé « par les canons, même lorsqu'ils allégueraient avoir « abjuré la foi catholique. »

Un projet de loi, présenté en Autriche-Hongrie et adopté en 1876 par la Chambre des députés, sans supprimer cet empêchement formellement édicté par l'art. 63 du Code civil de 1811, porte qu'il cessera par la conversion des prêtres ou, pour les religieux, par la sortie de leur ordre.

Il est aisé de voir que ce serait une véritable suppression de la prohibition, car, ni le prêtre resté fidèle à sa loi, ni le religieux attaché à son ordre ne demanderont à contracter mariage. Ne vaudrait-il pas mieux proclamer franchement le principe ?

Ce même projet de loi contient une autre disposition qui trahit l'embarras des novateurs. « Le mariage, dit-il, sera indissoluble pour les époux catholiques. — Le divorce pourra être demandé par un des époux non catholiques, même quand il aurait été catholique au moment du mariage. » On achètera donc sa liberté au prix du reniement de sa religion ! et en outre, cette disposition tient-elle assez compte des conditions du contrat consenti par deux parties, et qu'une seule voudrait rompre ? Ce point de vue de la question a bien aussi son importance.

Du reste, la Chambre des seigneurs a, dans la session de 1877, repoussé ce projet de loi par un ordre du jour ainsi conçu : Dans l'attente que prochainement le gouvernement présentera une loi complète sur le mariage, la Chambre passe à l'ordre du jour.

Ajoutons ici que l'art. 64 du même Code civil prohibe le mariage entre chrétiens et non-chrétiens ; mais il a été établi qu'un assez grand nombre de contractants évitent cette prohibition en déclarant n'appartenir à aucune religion reconnue.

III. — IMPUISSANCE.

Il en était de même, dans l'ancien droit, de l'impuissance perpétuelle et incurable et, à cet égard encore, le Code a laissé la question sans solution. Quelques auteurs ont trouvé une cause de nullité de mariage dans l'art. 180, qui prévoit l'erreur sur la personne ; ils l'étendent aux qualités essentielles telles que la capacité d'engendrer, ce qui est incontestablement un des principaux buts du mariage que Portalis définissait : « La société de l'homme et de la femme qui s'unissent pour perpétuer leur espèce... » Cependant cette solution n'est pas à l'abri de la critique et est généralement repoussée.

Par deux arrêts des 7 juin et 3 août 1876, là cour de Riom a décidé que l'impuissance ne saurait constituer une erreur dans la personne susceptible d'entraîner la nullité du mariage.

La loi espagnole du 18 juin 1870, art. 4, avait formellement prévu le cas ; elle frappe d'incapacité celui qui « est atteint, antérieurement à la célébration du mariage, d'une manière patente, perpétuelle et incurable, d'une impuissance physique de procréation absolue ou relative. » Mais il faut établir le fait et là commence la difficulté !

Quoi qu'il en soit de ces obstacles plus ou moins fondés, au point de vue de notre loi, on doit revenir toujours aux principes énoncés dans notre chap. 1er. et qui se résument ainsi : Le statut personnel est tenu en échec par toute prohibition d'ordre public.

Nous avons prouvé qu'en France ces prohibitions s'opposeraient aux mariages des étrangers dans les cas où il y aurait atteinte à l'ordre public ou aux bonnes mœurs, tels que la parenté à un degré prohibé, les liens d'un précédent mariage, etc.

Par voie de réciprocité, il en doit être de même à l'étranger.

Comment admettre par exemple qu'en Espagne, en Autriche, en Russie, où la loi déclare absolument incapable de se marier les individus engagés dans les ordres sacrés, cette même loi puisse consacrer de pareils mariages par cela seul que le contractant appartient à une autre nationalité ?

— Les principales conditions de capacité, nous l'avons dit, sont inscrites dans le chapitre 1er.

Elles sont relatives à l'âge des contractants, à leur consentement et à celui de leur famille, à leur liberté quant aux liens de parenté et à ceux d'un précédent mariage.

Ces diverses conditions constituent des empêchements dirimants ou simplement prohibitifs.[1]

Les premiers sont ceux qui entraînent la nullité d'un mariage accompli ; les seconds ceux qui forment seulement obstacle à la conclusion du mariage ; quelques-uns appartiennent en même temps à ces deux catégories.

Ces empêchements sont encore d'ordre public ou d'intérêt privé, absolus, ou relatifs, permanants ou temporaires.

A la première catégorie appartiennent : 1° ceux qui dérivent de l'âge, d'un mariage précédent et de la parenté à un degré prohibé ;

Ils sont d'ordre public.

---

[1] La loi du 29 mai 1878 qui constitue le premier Code Pénal édicté par la Hongrie, dans les articles 254 à 257, punit la dissimulation par un futur époux, au moment du mariage, d'un empêchement dirimant qui en a entraîné ensuite la nullité ; la peine s'étend au ministre du culte qui, sciemment ou seulement par imprudence, a consacré cette union.

2° Ceux qui proviennent du défaut de consentement libre des époux ou de l'un d'eux seulement, ou du défaut de consentement de leurs père et mère ou de ceux qui les représentent.

Ils sont d'intérêt privé.

Les empêchements prohibitifs sont :

Ceux résultant de la parenté civile, conséquence de l'adoption ; le mariage contracté par la femme avant l'expiration des dix mois qui suivent la dissolution du mariage précédent ; l'absence d'acte respectueux dans les cas où il est imposé.

Nous allons parcourir rapidement chacune de ces catégories en nous bornant toutefois à rappeler les principes généraux en cette matière.

§ 1. — *Empêchements dirimants.*

I. — *L'âge.* — Aux termes de l'art. 144, l'homme avant dix-huit ans révolus, la femme avant quinze ans révolus, ne peuvent contracter mariage.

Telle est la règle adoptée par notre loi.

Toutes les législations ont dû également fixer une limite d'âge se trouvant autant que possible conforme au développement présumé de l'intelligence aussi bien que des forces physiques des citoyens auxquels elles s'appliquent. Il n'y a pas à cet égard de règle générale et uniforme, car, suivant les nations, les climats et peut-être aussi les époques, le développement de l'espèce humaine est soumis à des lois différentes. Mais il fallait s'arrêter à une limite fixe, prendre une moyenne aussi rationnelle que possible en présence des variétés de la nature.

C'est ce qu'ont fait les rédacteurs du Code, et ils ont cru devoir reculer le terme qu'avaient admis l'ancien droit et la loi de 1792, par le motif, comme le disait M. Gillet dans son rapport au Tribunat, qu' « il « est de l'intérêt de la société que des unions trop hâ- « tives n'anticipent pas sur la maturité de la nature, « et qu'il ne soit pas permis à des êtres à peine af- « franchis de la stérilité de l'enfance de perpétuer dans « des générations imparfaites leur propre débilité » (Locré, t. IV, p. 532).

Ce fut donc une modification heureuse au précédent état des choses.

L'ancien droit français, prenant sa base dans le droit romain, avait conservé l'âge de 14 ans pour les hommes et de douze ans pour les filles. La loi du 21 septembre 1792 le porta à quinze ans pour les uns et treize ans pour les autres. Nos législateurs trouvèrent encore cette limite insuffisante, et le premier consul proposait même de l'éloigner jusqu'à vingt-un ans pour les hommes. C'était sans doute excessif, mais ce grand capitaine n'était peut-être en cela dirigé que par des préoccupations militaires. On serait d'autant plus porté à le croire que, quelques jours plus tard et devant le même conseil d'Etat, il exprimait le regret que : « le chapitre 1er ne permît pas aux filles de se « marier avant l'âge de quinze ans, dans certains pays « du moins, comme aux Indes, où il est impossible de « ne pas avancer cette faculté » (*ib.*, p. 350). Ces paroles témoignent que le premier consul savait, au besoin, compatir aux exigences de la nature.

L'âge minimum fixé pour le mariage varie suivant les législations.

L'Italie, revenant aux principes de notre Code, a

adopté la même base que ce dernier, tandis que la loi des Deux-Siciles et de Sardaigne avait, comme la loi romaine, accepté l'âge de quatorze ans et de douze ans.

La loi espagnole du 18 juin 1870, art. 4, s'en est tenue à ces dernières limites.

En Allemagne, la plus grande variété régnait dans les divers Etats. Tandis que la Bavière admettait quatorze ans pour les garçons et douze ans pour les filles, la Prusse, la Saxe, Bade, allaient jusqu'à dix-huit ans pour les uns et quatorze pour les autres ; la Hesse l'élevait à vingt-deux dans le premier cas et à dix-huit pour le second et le Wurtemberg à vingt-cinq ans pour les deux sexes.

La loi du 11 décembre 1872 fixa pour la Confédération l'âge uniforme de dix-huit et quatorze ans qui, bientôt après, fut porté, par la loi du 25 janvier 1875, à vingt ans révolus pour les garçons et 16 ans pour les filles. Elle admit cependant le droit aux dispenses. Le danger des unions précoces décida le Reichstag à cette modification ; ce fut du moins la raison apparente, mais n'y eut-il pas aussi un peu de cette préoccupation militaire dont nous parlions tout à l'heure ?

La loi spéciale du royaume de Saxe, du 5 novembre 1875, accorde six mois, à partir de l'âge nubile, au conjoint qui s'est marié avant cet âge pour se pourvoir en nullité.

L'âge légal en Suisse est dix-huit et seize ans révolus (L. 24 décembre 1874, art. 27).

Il est de vingt-un et quinze ans pour la Suède.

En Hongrie, il existe une anomalie plus grande et qui se justifie difficilement. L'âge fixé pour les catho-

liques est de quatorze et de douze ans ; pour les individus professant la Confession d'Augsbourg, il est au
contraire de dix-huit et quinze ans.

Dix-huit et seize ans est l'âge adopté par la Russie.
Cette législation porte une disposition paaticulière qui
n'existe, que nous sachions, nulle autre part, en Europe du moins. Elle prohibe le mariage après quatre-
vingt-dix ans révolus. Le législateur a eu sans doute
de bonnes raisons pour cela ! Elle défend aussi de contracter un quatrième mariage (art. 12).

Enfin, l'Angleterre a conservé l'âge fixé par le droit
romain. « Des quelques applications de la loi Romaine
suivies par la loi canonique et introduites dans la législation Anglaise, celle-ci a soulevé plus d'une critique,
et l'on peut s'étonner à bon droit qu'un pays dont le
climat retarde le développement physique ait adopté
des usages explicables seulement dans ces contrées où
le soleil embrasse tout de ses ardeurs[1]. » En cas d'in-
fraction, la nullité du mariage peut être demandée
aussitôt que l'une des parties a atteint l'âge légal, à
moins qu'il n'y ait eu cohabitation postérieure.

Revenons à la loi française :

L'âge minimum qu'elle détermine n'est pas tellement absolu que l'on ne puisse, dans certains cas,
obtenir des dispenses pour des motifs graves (art. 145).
C'est au chef de l'Etat qu'il appartient de faire cette
appréciation et d'accorder ces dispenses. La demande
en est adressée au procureur de la République qui la
transmet, avec son avis, au ministre de la justice. Le
chef de l'Etat statue et, si la dispense est accordée,
l'ordonnance est enregistrée au greffe du tribunal et

---

[1] G. Vibert. Discours de rentrée à la Cour d'appel de Douai, 3 nov.
1882.

une expédition en demeure annexée à l'acte de célébration (ar. du 20 prairial an XI).

L'honneur des familles compromis par une grossesse un peu trop hâtive est, le plus souvent, la cause de cette exception.

II. — *Liens d'un premier mariage.* — La poligamie remonte aux temps les plus éloignés dont l'histoire nous a conservé le souvenir. La loi de Moïse l'autorisait et l'Ecriture sainte nous en offre de nombreux exemples.

Les lois de Solon permirent aux Athéniens d'épouser deux femmes. Les lois romaines se montrèrent plus sévères et punirent la polygamie de peines rigoureuses. Il ne fut donc pas difficile au christianisme, lorsqu'il s'étendit dans le monde romain, de faire prévaloir le principe de la monogamie. Mais les peuples d'Orient, soit qu'ils fussent restés fidèles aux traditions antiques, soit qu'ils se fussent soumis à l'observance du Koran, conservèrent un usage contraire.

« N'épousez que deux, trois ou quatre femmes, dit
« le Koran, choisissez celles qui vous ont plu. Si vous
« ne pouvez les maintenir en équité, n'en prenez
« qu'une et bornez-vous à vos esclaves. »

Une exception fut faite seulement, et pour cause, en faveur du prophète qui put avoir un nombre de femmes indéterminé. Ses privilèges allèrent même plus loin : « Un musulman, dit « Sidi-Khalil, le plus
« célèbre commentateur de la loi (*Jurisprudence civile*,
« ch. V), devait répudier sa femme pour la laisser
« épouser au prophète qui la désirait pour épouse, et

« celle-ci, une fois répudiée, nul autre que le prophète
« ne pouvait la demander en mariage[1]. »

Une religion qui flattait ainsi les passions et donnait satisfaction aux appétits sensuels de l'homme, devait acquérir bien vite de nombreux partisans. C'est
une des raisons qui facilitèrent l'extension de celle de
Mohammed. On trouve encore cette religion répandue
dans une grande partie du monde, en Asie surtout,
où elle a conservé la foi facile de la polygamie.

Personne n'ignore qu'il existe en Amérique des
sectes bien connues qui pratiquent ouvertement cette
institution. L'abolition en est généralement réclamée et
elle figure dans le programme adopté en 1880 par le
parti républicain dont le triomphe a amené la nomina-
tion du Président Garfield.

Les peuples chrétiens sont restés fidèles à un principe contraire, et c'est celui qui nous gouverne.

« On ne peut contracter un second mariage, dit
l'art. 147, avant la dissolution du premier, » et l'art. 340
du Code pénal classe la bigamie dans la catégorie des
crimes punissables des travaux forcés.

La dissolution du mariage est produite par la mort
naturelle, le divorce et la mort civile. Ces deux dernières causes ont disparu avec les lois spéciales qui
les ont supprimés en France. Il ne reste donc que la
mort naturelle ou bien la nullité d'un premier mariage.
Mais il faut, pour que l'empêchement cesse d'exister,
que cette nullité ait été prononcée par les tribunaux.
Toutefois, si le premier mariage était nul, quoique non
encore déclaré tel, l'empêchement deviendrait simple-

---

[1] Si l'on en croit Tacite (*Mœurs des Germains*), un pareil privilège
était accordé, en Germanie, aux chefs de chaque tribu, qui avaient
seuls le droit de posséder en même temps plusieurs femmes.

ment prohibitif, puisque la déclaration postérieure de nullité rendrait au second mariage toute sa valeur légale.

Nous nous sommes expliqué, dans le chapitre premier, sur les conséquences du divorce prononcé à l'étranger en ce qui touche le mariage qu'un étranger voudrait contracter en France. L'application ne saurait en être faite au Français qui se marie en pays étranger, puisque dans aucun cas, sauf celui d'une nouvelle naturalisation, il ne peut faire dissoudre son mariage par ce moyen.

III. *Parenté.* — La parenté forme un empêchement au mariage, savoir : en ligne directe entre tous les ascendants ou descendants légitimes ou naturels et les alliés dans la même ligne ; en ligne collatérale, entre le frère et la sœur légitimes ou naturels et les alliés au même degré, et entre l'oncle et la nièce, et la tante et le neveu.

« Dans tous les temps, disait M. Portalis dans l'ex-
« posé des motifs, le mariage a été prohibé entre les
« enfants et les auteurs de leurs jours, il serait sou-
« vent inconciliable avec les lois physiques de la na-
« ture, il le serait toujours avec les lois de la pudeur ;
« il changerait les rapports essentiels qui doivent exis-
« ter entre les pères, les mères et leurs enfants ; il
« répugnerait à leur situation respective, il bouleverse-
« rait entre eux tous les droits et tous les devoirs, il
« ferait horreur. » (Séance du 16 vent. an XI.)

Il n'était peut-être pas besoin de phrases aussi solennelles pour établir une vérité aussi simple !

C'est donc à la loi naturelle qu'est empruntée cette loi civile ; elle est de tous les temps et de tous les pays.

Pour des raisons moins graves sans doute, mais également fondées sur l'honnêteté publique, la même prohibition a dû s'étendre aux degrés les plus rapprochés dans la ligne collatérale, les frères et sœurs, oncles et nièces.

La question était plus indécise en ce qui concerne les beaux-frères et belles-sœurs, grands oncles et petites-nièces.

Pour les premiers, l'examen des discussions du conseil d'Etat nous prouve qu'elle a été vivement débattue et le système de la prohibition n'a prévalu qu'à une faible majorité.

On se fondait particulièrement sur cette circonstance que la loi du 20 septembre 1792 n'avait pas cru devoir l'admettre.

Néanmoins, malgré l'opposition que rencontrait cet article, il fut accepté, et l'on n'autorisa même pas les dispenses en ce cas. La loi du 16 avril 1832 vint plus tard combler cette lacune et fit bien.

L'art. 163 ne s'expliquait pas sur le grand-oncle et la grand'-tante. La question ayant été soulevée, un avis du conseil d'Etat du 23 avril 1808 décida que leur mariage avec leurs petits-neveux et petites nièces était permis. Mais le gouvernement n'approuva pas cette délibération et rendit, le 7 mai suivant, une décision contraire. C'est dans ce sens que la question est restée résolue.

Telles sont les seules limites que la loi reconnaît aux mariages entre parents.

Si l'inceste entre ascendants et descendants a toujours été considéré comme un crime, il n'en est pas de même en ce qui touche les autres liens de parenté. Les législations ont été fort divergentes à cet égard. Les unions entre frère et sœur étaient encore en usage du temps des patriarches, mais elles furent proscrites par la loi de Moïse, qui défendit aussi au neveu d'épouser sa tante (Lév., ch. 18) ; il n'en fut pas de même pour le mariage entre l'oncle et la nièce. Le Lévitique fixe encore d'autres prohibitions, notamment entre beaux-frères et belles-sœurs. Toutefois quand le frère était mort sans postérité, sa veuve pouvait obliger le frère survivant à l'épouser. C'est ce qu'on appelait le *Lévirat*.

La loi musulmane se tint à peu près dans les mêmes limites que la loi de Moïse ; elle prohibe le mariage entre parents et alliés à tous les degrés en ligne directe et entre frère et sœur, oncle et nièce, tante et neveu seulement en ligne collatérale. On peut cependant épouser la fille ou la mère de l'épouse de son frère.

D'après les anciennes lois romaines, l'empêchement existait entre le frère et la sœur et les descendants de ses frères et sœurs à l'infini, et cela sous des peines rigoureuses. Cette prohibition fut étendue aux cousins germains par une loi de Théodose le Grand. L'adoptant et l'adopté et les divers enfants adoptifs ne pouvaient non plus se marier entre eux.

L'Eglise chrétienne n'eut d'abord d'autres règles à cet égard que les lois de l'empire ; mais les conciles ne tardèrent pas à dépasser ce but, et l'on voit, dans la longue série de ceux ayant statué sur cette matière qu'ils arrivèrent successivement à étendre les empêchements aux cousins issus de germains au quatrième et jusqu'au septième degré ; quelques-uns même défendirent le mariage entre parents d'une manière illimitée (Pothier, t. 6, ch. III, § 2). Enfin, revenant sur ces exagérations, le Concile de Latran, tenu en 1215, borna la prohibition aux parents du quatrième degré inclusivement, et cette règle fut depuis lors observée dans l'Eglise latine.

Enfin, la loi du 20 septembre 1792 ne proscrivit le mariage, en ligne collatérale, qu'entre les frères et sœurs. Nous venons d'indiquer l'état de la législation actuelle qui est plus limitative.

Si nous examinons les législations européennes modernes, nous voyons encore régner entre elles une assez grande variété.

Ainsi, tandis que les unes, telles que celles de l'Autriche, le Portugal [1], l'Espagne, la Russie même, ont pris pour base les règles du droit canonique, d'autres se sont montrées ou plus tolérantes ou plus sévères.

La loi anglaise permet le mariage entre cousins germains, et dans plusieurs colonies mêmes entre beau-frères et belles-sœurs. La loi suisse l'autorise entre grands-oncles et petites-nièces, mais le défend entre le tuteur et la pupille. La loi allemande qui le prohibe dans ce dernier cas, ainsi qu'entre l'adoptant et l'adopté, le permet au contraire entre l'oncle et la nièce, le beau-frère et la belle-sœur.

Une loi du 4 novembre 1872 abolit la défense de mariage entre cousins germains qui existait dans le Grand duché de Finlande.

Les divers empêchements que nous venons de parcourir étant, ainsi que nous l'avons dit, d'ordre public, les mariages célébrés au mépris de ces prohibitions peuvent être attaqués, soit par les conjoints, soit par

---

[1] Le Règlement du 26 déc. 1878 fixe la procédure à suivre pour les demandes de dispenses à raison d'empêchement de parenté au 3e degré en ligne collatérale pour la célébration du mariage civil de sujets portugais non catholiques. Ces dispenses sont accordées par décret royal et pour des causes énumérées audit Règlement.

toute personne ayant un intérêt légal à en faire prononcer la nullité, soit enfin par le ministère public; mais l'action n'appartient à ce dernier que du vivant des époux.

Toutefois différentes exceptions peuvent être opposées à cette action en nullité. Ainsi, aux termes de l'art. 185, le mariage contracté par des époux qui n'avaient pas atteint l'âge requis ne peut plus être attaqué : 1° lorsque six mois se sont écoulés depuis que l'âge compétent est atteint; 2° lorsque la femme a conçu avant l'échéance de six mois à partir de sa puberté légale.

Le Code italien a reproduit dans son art. 110 ces mêmes exceptions.

La loi espagnole au contraire dispose que « le ma- « riage sera ratifié *ipso facto* si, après avoir atteint la « puberté légale, les époux ont vécu un jour ensemble « sans avoir réclamé en justice contre la validité du « mariage, ou si la femme a conçu avant la puberté « légale, sans avoir intenté sa réclamation » (L. 18 juin 1870, art. 4).

Les parents qui auraient consenti au mariage sont également non recevables à en poursuivre la nullité. Ce n'est que justice puisqu'ils sont les premiers auteurs de la faute.

Une seconde catégorie d'empêchements dirimants est seulement, ainsi que nous l'avons dit, d'intérêt privé.

Ce sont ceux qui proviennent du défaut de consentement des époux ou de leurs parents, dans le cas où celui-ci est exigé par la loi.

Le consentement des époux eux-mêmes peut être vicié soit par la violence, soit par l'erreur.

Les règles générales des contrats trouvent ici leur application.

Cette matière soulève un grand nombre de questions dont quelques-unes très-délicates, et sur lesquelles nous n'avons pas à nous appesantir, car elles sont du ressort des lois générales du droit civil, plus encore que de la matière spéciale qui nous occupe.

Disons seulement que cette nullité est personnelle et qu'en présence des termes généraux de l'art. 180, on doit considérer que la loi a laissé aux tribunaux le soin de décider en fait, et d'après les circonstances, sur les cas où le consentement n'a pas été suffisamment libre.

La minorité pour le mariage n'est pas la même que celle fixée pour les autres actes de la vie civile. La loi a cru devoir protéger spécialement la jeunesse contre ses propres entraînements et conserver à l'autorité paternelle une action plus étendue pour ce qui touche à un acte engageant toute la vie.

C'est pourquoi, contrairement à la majorité ordinaire qni est de vingt-un ans, celle du mariage est reportée à vingt-cinq ans pour les garçons et vingt-un ans pour les filles. La différence des sexes justifiait cette distinction.

Ainsi, jusqu'à cet âge, les enfants légitimes ne peuvent se marier sans le consentement de leur père et mère, et, à défaut, celui de leurs aïeuls et aïeules, puis du conseil de famille. Ce dernier est remplacé par un tuteur *ad hoc* pour les enfants naturels (art. 159).

Cette obligation se retrouve dans la plupart des législations étrangères, mais quelques-unes varient sur l'âge adopté pour la majorité du mariage ; nous en avons dit quelques mots dans le chap. 1er.

§ 2. — *Empêchements prohibitifs.*

Nous passerons rapidement sur ces prohibitions, moins importantes que les précédentes, puisque, bien qu'en leur présence l'officier de l'état civil ne doive pas passer outre au mariage, elles ne nuisent ni à l'existence ni à la validité de l'acte.

Si pour l'une d'elles l'art. 157 frappe d'une peine l'officier public qui a procédé au mariage sans s'assurer que les actes respectueux ont été faits, il faut reconnaître que les autres manquent de sanction.

Cette défense de la loi est donc simplement comminatoire, et, s'il en est ainsi pour les mariages contractés en France, il est évident que la tolérance devra être plus grande encore pour ceux reçus à l'étranger, où, le plus souvent, l'officier public ne sera pas prévenu de ces prohibitions.

Il est regrettable sans doute que l'art. 348, en défendant le mariage entre l'adoptant et l'adopté et ses descendants, etc., ne l'ait pas frappé de nullité. Il semble que l'adoption, ayant pour effet de créer une parenté civile, image de la parenté naturelle, devait entraîner les mêmes conséquences ; mais la loi est restée muette et il n'appartient à personne de créer des nullités qu'elle n'a pas édictées.

Tous les auteurs, cependant, ne sont pas d'accord sur ce point et quelques-uns, concluant par analogie, voient dans cette prohibition un empêchement dirimant.

La rigueur du droit et les termes mêmes de la loi repoussent cette interprétation.

Nous avons vu, dans le paragraphe précédent, que la loi allemande était plus précise et interdisait absolument le mariage entre l'adoptant et l'adopté, tant que dure l'adoption (art. 33).

Nous en dirons autant du cas où une femme se remarierait avant l'expiration des dix mois écoulés depuis la dissolution de son premier mariage (art. 228). C'est encore une simple prohibition qui n'a pour sanction que la peine infligée par l'art. 194 du Code pénal à l'officier de l'état civil. La majorité des auteurs est de cet avis.

Si l'on doit considérer cette précaution comme un acte de déférence à la décence publique, parce qu'il répugne de voir une femme convoler à une nouvelle union au lendemain de la dissolution de la première, il faut reconnaître que le but principal de la loi a été de prévenir l'incertitude sur la véritable paternité de l'enfant qui naîtrait dans les premiers mois du second mariage. Mais celui-ci une fois consommé, l'inconvénient subsiste et il appartiendrait aux tribunaux de trancher cette question de fait le plus souvent très-délicate.

Les lois étrangères ont admis à cet égard des règles différentes

Ainsi les Codes d'Haïti et du Portugal ont étendu jusqu'à un an le délai légal.

La loi d'Autriche a adopté une distinction qui nous paraît bien dangereuse : « Si la veuve est présumée « enceinte, elle ne peut se remarier avant son accou-« chement, et, s'il s'élève des doutes sur la grossesse, « avant six mois. Mais si la grossesse n'est pas proba-

« ble, une dispense peut être accordée à l'expiration
« des trois mois depuis la mort du mari. » On ne voit
pas trop l'utilité de distinctions aussi subtiles dans une
matière qui trompe souvent les prévisions de la science,
surtout en présence de cette importante considération
tirée de la décence publique dont nous venons de
parler.

Le Code civil du canton de Glaris avait édicté des
règles plus fantaisistes encore. L'art. 22 s'exprime
ainsi : « Les veufs et les hommes divorcés ne peuvent
« se remarier qu'après l'expiration d'un délai de trois
« mois à partir de la dissolution d'un premier mariage ;
« lorsque, en cas de divorce, le mari apparaît comme
« la partie coupable, le tribunal a la faculté de porter
« le délai à un an. »

Et l'art. 23 : « Les veuves et les femmes divorcées
« sont tenues, si elles sont enceintes, d'attendre leur
« délivrance avant de pouvoir convoler en secondes
« noces. Si elles ne le sont pas, elles doivent laisser
« passer six mois à partir de la dissolution du premier
« mariage. Lorsque, en cas de divorce, c'est la femme
« qui est la coupable, le tribunal a la faculté de porter
« le délai à un an. »

La loi fédérale suisse du 24 décembre 1874 s'est
avec raison écartée de ce système en admettant un délai
fixe de trois cents jours.

La loi fédérale allemande et celle d'Espagne du
18 juin 1870 ont adopté la même période de temps.
La première permet cependant de la réduire au moyen
d'une dispense qui est accordée, dans certains Etats,
par le ministre de la justice, dans d'autres par les tribunaux du bailliage (L. de Wurtemberg, 8 août 1875).

Le troisième empêchement prohibitif que nous avons signalé est celui qui dérive du défaut d'actes respectueux dans le cas où les futurs, majeurs pour le mariage, n'obtiennent pas le consentement de leurs parents.

Une différence essentielle existe entre la situation du contractant pendant sa minorité et celle qui lui est faite après cet âge. Dans le premier cas, les pères et mère peuvent refuser leur consentement d'une manière absolue et sans avoir même besoin d'en donner les motifs : le mariage accompli sans ce consentement serait nul ; dans le second au contraire, le mariage n'est pas nul, le but de la loi n'étant que de donner au père de famille le temps de faire à son enfant des représentations sur le mariage projeté et à celui-ci le loisir de réfléchir sur l'avis de ses pères et mère et sur l'acte qu'il veut accomplir.

Les art. 151 à 158 déterminent les règles relatives aux formes des actes respectueux et aux conditions dans lesquelles ils doivent être faits.

Suivant que les futurs époux ont moins ou plus de trente et vingt-cinq ans, trois actes sont nécessaires où deux suffisent.

Ces actes respectueux ont été puisés dans le droit ancien qui les prescrivait à partir de trente ans pour les garçons et de vingt-cinq ans pour les filles. L'arrêt de règlement du 27 août 1692 en indiquait la forme : en vertu d'une permission spéciale du juge royal, l'enfant devait se transporter chez ses père et mère avec deux notaires ou un notaire et deux témoins, et les requérir de consentir au mariage projeté. Le notaire dressait acte de cette réquisition ; c'est ce qu'on appelait *sommation respectueuse*, expressions qui paraissent peu s'accorder entre elles. Il devait en être fait au moins deux.

Là s'arrêtaient les exigences de la loi, et l'on pouvait passer outre au mariage, bien que le consentement ne fût pas obtenu.

Cet empêchement n'étant, comme nous l'avons dit, que prohibitif, il s'ensuit que les parents qui n'auraient pas été consultés ne peuvent demander la nullité du mariage. Ils ont seulement le droit, tant qu'il n'est pas accompli, d'y former opposition, non pour y mettre obstacle, mais seulement pour forcer les futurs conjoints à remplir cette formalité.

L'officier de l'état civil ne peut du reste célébrer le mariage sans encourir une peine (art. 157).

Nous n'avons pas à nous expliquer ici sur le plus ou moins de convenance de l'acte respectueux. Faisons seulement remarquer que l'opportunité de cette formalité n'a pas été partout appréciée comme en France ; plusieurs législations étrangères ont cru devoir la supprimer, ainsi que nous l'avons indiqué dans le chap Ier.

SECTION III

DES CONVENTIONS MATRIMONIALES

Après avoir traité des conditions de validité du mariage suivant la loi civile, il nous reste à dire un mot de l'influence de cet acte accompli à l'étranger sur les conventions matrimoniales des époux.

A cet égard, il faut distinguer aussi entre ce qui touche au fond du contrat et ce qui n'a trait qu'à la forme.

Nous avons eu déjà plusieurs fois l'occasion de rappeler la maxime *locus regit actum*, et de dire qu'elle est la règle absolue en matière de forme pour tous les actes. Le contrat de mariage ne s'y dérobe point, et il se trouve ainsi fixé par la loi du lieu où le mariage lui-même s'effectue. (Rennes 4 mars 1880).

Dès lors la forme sacramentelle de ce contrat prescrite par le Code civil s'incline devant le principe général dérivant du lieu.

Ce principe a toujours été reconnu et la jurisprudence a pu ainsi déclarer valable un contrat de mariage sous seing privé, passé à l'étranger, lorsque telle est la forme légale du pays.

Cette question ne saurait présenter aucune difficulté.

Il a de même été jugé que les dispositions de la loi du 10 juillet 1850 et celles de l'art. 67 du Code de commerce relatives à la publication des contrats de mariage ne sont pas obligatoires pour ceux passés à l'étranger suivant la loi locale et n'en emportent pas la nullité.

Ils pourront donc être opposés aux tiers, surtout par la femme. La seule sanction de l'inobservation de cette formalité se trouve dans la réparation du préjudice causé à ceux-ci par la dissimulation des conventions matrimoniales. Qu'en est-il en ce qui touche le fond, c'est-à-dire le régime auquel seront soumises les parties contractantes? Point d'hésitation s'il y a contrat ; l'art. 1387 permet aux époux de régler leur association conjugale comme ils le jugent à propos, pourvu qu'elle n'ait rien de contraire à l'ordre public et aux bonnes mœurs.

Mais quelle sera la règle dans le cas où il n'y a pas de contrat ?

L'importance de cet acte, sa perpétuité, l'influence considérable qu'il doit exercer sur la société conjugale et les droits des enfants, ont dû faire fléchir la loi générale des contrats. Il serait en effet peu logique, peu sage de faire dépendre le régime matrimonial du seul fait du mariage passé en tel ou tel lieu, fait qui peut n'être qu'accidentel, résultat de circonstances toutes spéciales, souvent même contraire à la volonté des époux.

Un Français va se marier à l'étranger avec une étrangère, parce que c'est le pays de celle-ci, il n'y a fait qu'un séjour passager et il n'en connaît pas les lois. Faudra-t-il que, par le seul fait de ce mariage, il subisse, au point de vue des intérêts pécuniaires, la loi de ce pays ? La même considération s'appliquera à la femme ; sera-t-elle condamnée à subir la loi de son mari ?

La raison voulait qu'on admît, dans l'espèce, une autre base, c'est celle du domicile matrimonial ; les auteurs, aussi bien que la jurisprudence, se sont trouvés d'accord sur ce point, bien qu'un peu arbitraire.

Le domicile matrimonial est le lieu où le mari, en se mariant, a l'intention de fixer son domicile, et où il l'a en réalité fixé. La question se réduira donc à un point de fait sur lequel les tribunaux auront, en cas de difficulté, à se prononcer.

Ils l'ont fait souvent, et nous voyons les corps judiciaires s'attacher spécialement à rechercher, non seulement l'intention des époux au moment du mariage, mais encore l'exécution de cette intention quant au domicile par eux adopté.

Plus encore que dans notre droit moderne, cette situation trouvait son application dans le droit ancien. On sait en effet quelle était la diversité des coutumes répandues sur le sol de la France. Il suffisait de franchir, non pas la frontière de l'Etat, mais la limite de chaque province pour rencontrer à chaque pas une législation différente. Aussi, tandis que dans les provinces de *droit coutumier* la communauté était généralement admise, dans celles de *droit écrit*, le régime dotal était seul usité. C'était la distinction principale, mais, dans les détails chacune de ces lois, coutumières ou écrites, variait à l'infini. Et comme les mariages d'une province à l'autre étaient nécessairement fréquents, il a fallu prendre une base équitable pour régler le régime sous l'empire duquel se placerait chacune de ces associations, à défaut de contrat.

La jurisprudence moderne n'a eu à cet égard qu'à consacrer les principes de l'ancienne.

Le régime matrimonial dépend donc, non du lieu de la célébration ni du domicile de la femme ; c'est la nationalité du mari qui le détermine ; s'il est Français, c'est la loi française, qui lui est applicable, à moins que son intention bien prouvée n'ait été de fixer son domicile dans le pays où il contracte l'union. Dans ce cas, c'est la loi de ce pays qui l'emportera.

Une question plus délicate est celle de savoir si, comme l'exige l'art. 1394 à peine de nullité, le contrat de mariage doit toujours précéder le mariage lui-même.

Dans certains pays cette règle n'est pas admise. On

se demande alors laquelle des deux législations aura la préférence.

Pour résoudre cette question, il faut rechercher si le principe de l'art. 1394 tient au statut personnel ou au statut réel.

Les avis à cet égard sont partagés.

Les uns sont partisans du statut personnel, les autres du statut réel ; une troisième opinion veut appliquer à l'espèce la maxime *locus regit actum*.

A vrai dire, ces deux derniers systèmes se lient intimement et ne sont pas la conséquence l'un de l'autre. En effet pour appliquer la maxime, il faut admettre qu'il s'agit d'un acte tenant au statut réel, et, s'il en est ainsi, il est évident que la loi du lieu l'emportera. C'est donc trancher la question par la question.

La cour de Bastia, dans un arrêt du 5 avril 1843, l'a apprécié ainsi : « Il ne s'agit pas dans ce cas, dit « cet arrêt, d'une capacité personnelle de contracter, « mais seulement d'un règlement concernant les biens « des époux, ce qui rentre dans le statut réel réglé par « la loi du lieu, d'après la maxime *locus regit actum.* »

Cet arrêt a été confirmé par la chambre civile le 11 juillet 1855, et c'est principalement sur ce document que s'appuient les partisans de cette opinion. Toutefois, en lisant cet arrêt, on voit que la principale préoccupation de la Cour suprême a été de faire ressortir la volonté manifestée par les contractants de fixer leur domicile matrimonial dans le pays du mariage.

Ces mots domicile matrimonial employés par l'arrêt nous en indiquent assez le véritable esprit, et nous ramènent à ce que nous croyons être la plus juste solution.

Il est impossible de confondre la prescription de

l'art. 1394 avec une condition de forme. Cette obligation n'est point une simple formalité, c'est une mesure d'ordre public imposée sous peine de nullité à cette nature de contrat, ce qui en prouve déjà l'importance capitale. Elle fait réellement partie de la capacité même du contractant, capacité qui cesse de subsister au moment de l'accomplissement du mariage. Touchant à la validité intrinsèque des conventions, elle tiendrait donc du statut personnel.

Dès lors, la maxime ne saurait être ici appliquée d'une manière absolue et en dehors des circonstances de fait qui pourraient modifier la capacité de l'époux et influer sur sa volonté.

Si par suite de ces circonstances même le régime légal se trouve réglé par la loi du pays du mariage, cette loi doit encore être suivie en ce qui touche la disposition spéciale qui nous occupe.

Ainsi, suivant que le Français a entendu fixer son domicile dans le lieu où il se marie, ou n'y prendre qu'une résidence de passage, l'art. 1294 sera ou non applicable; c'est une question d'intention.

Cette décision a été adoptée par la jurisprudence. C'est en ce sens notamment qu'ont statué les cours de Toulouse (7 mai 1866), Aix (16 février 1870), Bordeaux (2 juin 1875).

Quoi qu'il en soit de ces interprétations, il est incontestable que l'association conjugale, une fois fixée, ne peut plus être modifiée pendant le mariage, soit par le changement de domicile, soit par le changement de nationalité.

CHAPITRE III

DU MARIAGE DES MILITAIRES

Nous nous sommes occupé jusqu'ici des règles applicables au mariage des citoyens français contracté en pays étrangers. Mais nous avons signalé une distinction importante existant entre le mode de constater l'état civil des non-militaires et celui des militaires.

La loi a posé des règles spéciales touchant ces derniers ; elles vont faire l'objet de ce troisième chapitre. La matière que nous venons de traiter ne serait en effet pas complète si nous laissions de côté cette branche de la question.

Il était difficile et peu pratique de soumettre les militaires en campagne aux formalités ordinaires touchant les actes de l'état civil. L'accomplissement de ces formalités exige une situation plus calme, plus régulière que celle qui naît de l'invasion d'un pays par les armées étrangères.

Le militaire en campagne ne doit dépendre que de ses chefs, il reste attaché à son drapeau autour duquel vont se résoudre tous les actes de sa vie civile comme ceux de sa vie militaire. Comment exiger qu'il aille demander à d'autres la sanction de ces actes? serait-ce à des autorités françaises ? mais l'autorité militaire seule les représente ; à des officiers publics du pays envahi ? se prêteront-ils à offrir leur concours à l'ennemi ? Que d'embarras et de difficultés naîtraient de ces relations, en admettant qu'elles soient possibles !

Cette idée paraissait bien simple et cependant la section de législation chargée de préparer les chapitres relatifs à l'état civil n'y avait pas pris garde. Le premier consul s'éleva contre cet oubli et prononça alors ces paroles bien connues : « Le militaire fran-« çais n'est jamais chez l'étranger lorsqu'il est sous « les drapeaux ; où est le drapeau français, là est la « France ! »

Grâce à cette initiative, des règles spéciales furent reconnues nécessaires, et ainsi fut rédigé le chapitre V, ayant pour titre : Des actes de l'état civil concernant les militaires hors du territoire du royaume.

Sans doute les circonstances au milieu desquelles vivaient les législateurs étaient de nature à donner plus d'importance et d'actualité à ces exceptions aux lois ordinaires. M. Siméon, rapporteur au Tribunat, pouvait dire avec toute raison : « Le chapitre V est « une création nouvelle ; l'accroissement que notre « état militaire a pris, la loi qui y appelle tous les « jeunes Français sans exception, ont dû le détermi-« ner. »

Et l'orateur du gouvernement au Corps législatif dévoilait un abus né de la situation de l'époque : « Pendant la dernière guerre, disait-il, on s'est joué

« du plus saint des contrats, du mariage. Des héri-
« tiers dont l'origine a été inconnue aux familles
» viennent chaque jour y porter le trouble ; des pa-
« rents sont toujours dans l'incertitude sur l'existence
« de leurs enfants. Il y a eu sans doute des abus que
« le caractère extraordinaire de cette guerre ne per-
« mettait pas de prévenir, mais il en est un grand
« nombre qu'on peut attribuer à l'imprévoyance de la
« législation » (Locré, t. III, p. 146).

Les temps de guerre sont heureusement exceptionnels, mais ils se reproduisent trop fréquemment
encore et il était bon que, dans l'intérêt des militaires
comme dans celui des familles, les constatations de
l'état civil fussent assurées.

Il n'était pas inutile non plus, comme le reconnaissait encore M. Siméon, « d'opposer un frein né-
« cessaire aux tumultes des camps et de mettre obs-
« tacle à des mariages abusifs et à la supposition de
« ceux qui n'existent même pas abusivement » (séance
du 17 vent. an. XI).

Tels ont été le but et les intentions du législateur
en soumettant ces actes de l'état civil à des formalités
spéciales qui les protègent et les garantissent.

En ce qui touche particulièrement au mariage, nous
allons examiner à qui et dans quels cas s'appliquent
les règles du chapitre V et quelles formalités il prescrit.

§ 1. — *A quelles personnes s'appliquent les règles spéciales du chapitre V ?*

La question doit être examinée à deux points de vue : 1° à qui s'applique l'exception ; 2° par qui sont remplies les fonctions de l'état civil.

I. L'art. 88 place dans le cas exceptionnel qui nous occupe les militaires ou autres personnes employées à la suite des armées.

Quant aux militaires proprement dits, pas de doute possible. Tous ceux qui se trouvent sous les drapeaux, officiers et soldats, constituent spécialement l'armée. Mais, à côté d'eux, se placent d'autres personnes employées à la suite des armées, et qui, sans en faire partie intégrante, en sont les accessoires obligés.

Une instruction ministérielle comprend dans cette catégorie : « Tout individu appartenant à une admi-
« nistration militaire et porteur d'une commission du
« ministre de la guerre, tout individu appartenant à
« une entreprise d'un service administratif d'armée,
« porteur d'une semblable commission ou du moins
« commissionné par l'entrepreneur et compris dans
« un tableau fourni par cet entrepreneur et approuvé
« par le ministre, les vivandiers, domestiques, canti-
« niers, etc., qui n'ont point de commission ministé-
« rielle, mais sont autorisés à suivre les armées par
« le major général ou le grand prévôt. »

C'est à eux que s'appliquent les dernières expressions de l'art. 88.

Il est évident que si ces individus cessaient, pour

une cause quelconque, de faire partie de l'armée, ils retomberaient dans le droit commun.

Il en est de même des militaires qui se trouveraient accidentellement séparés de leurs corps, tels que les prisonniers de guerre, ainsi que cela a été reconnu par l'instruction générale du 24 brum. an XII.

II. L'officier chargé des fonctions de l'état civil n'est pas le même en ce qui concerne les membres de l'armée que lorsqu'il s'agit des employés à sa suite.

Dans le premier cas, ce service appartient au quartier-maître dans chaque corps d'un ou de plusieurs bataillons, et au capitaine commandant dans les autres corps.

Dans le second, en sont investis les intendants et les sous-intendants militaires qui, d'après l'ordonnance du 29 avril 1847, ont remplacé les inspecteurs aux revues.

La loi a voulu ainsi conférer ce mandat aux officiers qui se trouvent le plus accessibles aux diverses fractions d'une armée en campagne.

§ 2. — *Dans quels cas et en quels lieux sont-elles applicables ?*

L'art. 88 ne mentionne que les militaires se trouvant sous les drapeaux, hors du territoire de la République. Mais ces dernières expressions ne sont pas absolues. Il est évident que, par analogie, le même principe doit être appliqué au corps qui, dans un cas d'invasion ou de révolte, serait dans l'impossibilité de recourir aux officiers publics ordinaires pour les divers actes de l'état civil.

Le cas a été spécialement prévu, en ce qui touche les décès, par l'art. 10 de la loi du 13 janvier 1817 et les mêmes motifs commandent, pour les autres actes, cette extension aux termes de l'article précité. L'art. 983 du Code civil, relatif aux testaments des militaires, fournit un nouvel argument à l'appui de cette décision.

Partout ailleurs, bien qu'en activité de service, les militaires sont soumis, comme les autres citoyens, à la juridiction des officiers ordinaires de l'état civil : *cessante causa, cessat effectus.*

Ici se place la question très-controversée de savoir quelle est la portée de l'art. 88 en ce qui touche la compétence de l'officier de l'état civil militaire. Cette compétence est-elle absolue et exclusive ? peut-on au contraire s'adresser également et concurremment aux fonctionnaires du pays où l'on se trouve ?

Nous n'avons à cet égard à nous occuper que de ce qui a trait au mariage, matière pour laquelle, il est vrai, cette question présente le plus d'intérêt.

Si nous devions nous expliquer sur les actes de naissance et de décès, nous n'hésiterions pas à dire, avec Merlin, que les termes impératifs de l'art. 88 rendent l'autorité militaire seule compétente dans les cas qu'il prévoit.

On ne comprendrait pas qu'il en fût autrement, puisque les événements donnant ouverture à ces actes s'accomplissent sous le drapeau, c'est-à-dire dans le territoire fictivement considéré comme une extension de celui de la France ; c'est naturellement devant l'autorité française que les déclarations doivent être portées. Il y aurait inconvénient et brèche au principe s'il en était autrement.

Toutefois, si, par suite d'une circonstance quelconque, ces actes étaient reçus par l'officier public étranger, pourrait-on dire qu'ils sont sans valeur? Nous ne le pensons pas. En matière de naissance et de décès ce que la loi veut, avant tout, c'est que le fait lui-même soit à l'abri du doute ; le plus ou moins de régularité de la constatation, au point de vue de la compétence, est une considération d'ordre secondaire. En cas de difficultés, ce sera donc une question de fait et non une question de droit pur que les tribunaux auront à apprécier.

Mais il n'en est pas de même de l'acte de mariage, qui est moins la constatation d'un fait que la sanction légale donnée à un contrat.

Nous avons dit plus haut qu'une des conditions essentielles de la validité de cet acte est qu'il soit reçu par un officier compétent. Ainsi le fait seul du consentement de deux personnes de se prendre pour époux, quelque bien établi qu'il soit, ne suffit pas pour constituer un contrat valable ; il faut de plus que ce consentement ait été constaté par une autorité légale ayant pouvoir de le faire. Hors ce cas, il n'y a qu'une simple promesse, engageant la conscience et pas autre chose. C'est donc, on le voit, une différence capitale.

Partant de ce principe, nous avons à nous demander quelle serait la valeur de l'acte de mariage du militaire en campagne, reçu par un officier public du pays. En d'autres termes, le militaire a-t-il le droit de recourir indifféremment à l'une ou a l'autre des deux autorités ?

Cette question est fort controversée. Il suffit cependant de se bien pénétrer des principes généraux en matière de compétence pour arriver à une solution satisfaisante et rationnelle, solution que nous ne trouvons pas suffisamment motivée dans l'un ni dans l'autre des deux camps.

M. Merlin, qui, le premier, a soutenu le système absolu de la compétence unique de l'autorité militaire, même lorsqu'il s'agit du mariage avec une étrangère, a complètement négligé l'examen de la question au point de vue des principes.

Il se fonde sur deux motifs que nous devons écarter tout d'abord : le texte de l'art. 88 et les paroles de M. Siméon dans son rapport au Tribunat.

Le texte ! mais si ses termes paraissent rigoureux, ils ne sont pas absolus et n'entraînent pas forcément la nullité. Quelle différence avec les mots : *Ne sont pas valables* de l'art. 170 ! et nous avons vu qu'on ne devait pas les prendre dans le sens trop grammatical que leur attribue M. Marcadé.

L'esprit du législateur ! mais les phrases éclatantes et imagées de M. Siméon ne sauraient avoir la portée qu'on leur prête : qu'on les relise attentivement.

On peut d'ailleurs leur opposer les paroles plus précises du premier Consul au conseil d'Etat et celles de M. Chabot de l'Allier au Corps législatif. Elles prouvent que la seule préoccupation était de considérer le corps d'armée, le drapeau, comme la vraie résidence, le domicile légal du militaire, et de faire dépendre de cette prolongation fictive de territoire la validité du mariage qui y est reçu. « Mais la qualité prééminente du citoyen accompagne toujours le militaire et il jouit sur la terre étrangère de tous les « droits dont il jouirait dans ses foyers. » Ce n'est donc pas une exclusion qu'on lui inflige, c'est un privilège, une facilité qu'on lui accorde.

Ces deux objections écartées, revenons aux principes généraux de la compétence.

A cet égard, le débat nous semble reposer sur une confusion. De ces expressions : Où est le drapeau, là est la France, on induit que partout où est notre armée, le territoire devient français.. C'est une erreur.

Sans doute l'occupation d'un pays entraîne certaines conséquences au point de vue de l'administration locale et de la domination, mais elles sont limitées à l'occupation elle-même. Le territoire n'en reste pas moins pays étranger et ses citoyens conservent leur nationalité, leurs lois et leurs autorités propres.

Quant aux militaires, ils ont apporté avec eux une part fictive du sol de la patrie, et leurs chefs ont, à leur égard, la compétence que la loi leur a donnée. Aller plus loin serait dépasser le but.

Donc, sur le même sol, deux territoires, le territoire du pays étranger et le territoire fictif de la France ; partant, deux autorités, deux officiers publics, l'indigène et le militaire. Chacun gardera sa compétence, l'un sur ses nationaux, l'autre sur ses soldats.

Que conclure de là, sinon : 1° que, s'il s'agit du mariage de deux Français, il devra se faire devant l'officier français ; 2° s'il s'agit au contraire du mariage d'un Français et d'une étrangère, les principes ordinaires restent en vigueur. Quels sont-ils ? Nous les avons indiqués plus haut en parlant de la compétence des agents diplomatiques et le cas nous semble le même. Cette compétence nous paraît nulle à l'égard du contractant étranger. Dès lors, dans la rigueur du droit, il faudrait conclure que l'officier de l'état civil militaire ne pourrait marier un Français avec une étrangère.

Nous n'irons pas jusque-là cependant, mais, tout en admettant une compétence spéciale et étendue pour le militaire, nous dirons qu'il est impossible de supprimer celle de l'officier public du pays qui n'en a pas été désinvesti.

Telle est la décision de la jurisprudence et de la majorité des auteurs.

§ 3. — *Quelles sont les formalités prescrites ?*

Quant aux formalités générales, les art. 90, 91 et 98 les indiquent.

Les art. 94 et 95 s'appliquent spécialement aux mariages.

Les instructions générales du ministre de la guerre, en date des 24 brumaire an XII et 8 mars 1823, rappellent en détail les règles à suivre en ces matières ; elles reproduisent celles fixées pour la tenue de l'état civil en France.

En ce qui touche au mariage, une seule disposition particulière existe. C'est celle concernant les publications qui doivent être faites, en outre des publications ordinaires, dans le corps lui-même, au moyen d'un ordre du jour publié vingt-cinq jours avant la célébration. C'est, on le voit, une exception motivée par la situation spéciale du militaire, dont le domicile légal est, avant tout, sous le drapeau.

La liberté du militaire est restreinte, pour le mariage, par la nécessité d'une autorisation de ses chefs. L'ordre et la discipline de l'armée commandaient cette restriction et nous la retrouvons dans les lois des autres pays.

Aux termes du décret du 16 juin 1808, le membre de l'armée doit être pourvu d'une permission écrite de l'autorité supérieure qui est, pour les officiers, le ministre de la guerre, pour les sous-officiers et soldats, le conseil d'administration de leur corps.

L'art. 3 de ce décret inflige la peine de la destitution à l'officier de l'état civil qui aurait sciemment procédé au mariage sans cette permission.

Diverses ordonnances et circulaires postérieures ont étendu cette prohibition relative aux marins et à des personnes assimilées aux militaires. Elles tranchent également des difficultés de détails qui s'étaient élevées sur cette matière.

Observations générales.

Arrivé au terme de cette étude, qu'il nous soit permis de jeter un regard en arrière et de rappeler en quelques mots l'importance de la question, ses difficultés et, nous pouvons dire aussi, son actualité.

Si les matières de droit civil pur présentent souvent des solutions délicates, malgré les lumières qu'ont jetées sur elles, depuis trois quarts de siècle, tant de savants commentateurs et de judicieux arrêts, combien plus difficiles sont les sujets complexes où, comme dans celui-ci, se rencontrent le mélange et les conflits des droits divers qui régissent les nations !

Le législateur lui-même semble avoir reculé devant cette tâche ; aussi ne trouvons-nous dans le Code que quelques principes, plus ou moins définis, pour nous guider dans ce labyrinthe. On peut heureusement s'éclairer par les travaux des grands jurisconsultes anciens et modernes, permettant de fixer, autant que possible, à chacune de ces lois, la limite de son empire (1).

Nous avons volontairement évité les discussions purement théoriques ; elles sont utiles dans un ouvrage sur la philosophie du droit, mais elles n'auraient pu qu'embarrasser notre course à travers les nombreuses questions que soulève ce vaste sujet.

Nous n'avons pas cru devoir non plus entrer trop avant dans l'examen de certaines questions de droit civil ou international qui ne touchent qu'accessoirement à notre thème, notamment celles relatives aux suites et aux conséquences du mariage et qui varient suivant les lois des divers Etats.

Il faut placer dans cette catégorie les obligations qui naissent du mariage, telles que la cohabition, l'entretien des époux et des enfants, la fidélité, la protection et l'obéissance que les conjoints se doivent entre eux et les effets de la violation de ces lois, le devoir alimentaire envers les divers membres de la famille,

---

[1] En l'état des rapports toujours plus fréquents et plus intimes qu[i] existent entre les diverses nations, et des intérêts commerciaux qui les unissent, il serait vraiment utile que l'on pût arriver à régler d'une manière plus précise les questions nées du conflit des législations, principalement sur certaines matières.

Dans ce but, une association s'est formée pour la réforme et la codification du droit des gens. Cette association a tenu sa dernière session annuelle à Anvers, le 30 août 1877. Elle a chargé un de ses comités de préparer la rédaction d'un code public international. Ce serait une œuvre importante et qui s'accomplira peut-être un jour. Mais combien de difficultés ne présente-t-elle pas ?

Nous sommes heureux cependant de constater la tendance qui se révèle chaque jour par des publications et des revues à l'effet de diriger les études vers cette branche du droit international si longtemps négligée

et enfin les règles touchant les incapacités de la femme.

L'histoire du droit et le rapprochement des lois étrangères nous offraient une matière plus intéressante, mais trop vaste pour être traitée d'une manière complète, dans les limites d'un simple exposé. Nous avons donné quelques indications historiques, mais nous nous sommes étendu plus longuement sur la concordance des lois et surtout de celles des principaux Etats de l'Europe. Nous nous sommes principalement aidé dans ce travail de l'excellent *Annuaire de la législation étrangère*, recueil qui paraît depuis l'année 1871.

C'est vers cette époque que s'est ouverte une ère nouvelle pour le droit européen. Il semble que nous assistons à la résurrection des législateurs, et notre Code, qui, au commencement du siècle, avait fait sa trouée, et s'était imposé à quelques peuples déjà, a récemment, après quelques années de sommeil, été accepté comme modèle par beaucoup d'autres.

Deux causes principales ont amené ce résultat.

Les modifications géographiques opérées, à la suite des dernières guerres, dans plusieurs Etats de l'Europe ; en second lieu, la préoccupation toujours plus grande de rendre les lois et les institutions civiles indépendantes de toute idée et de tout pouvoir religieux.

Le droit canonique ayant conservé un dernier refuge dans la matière spéciale de l'état civil, c'est à lui surtout que la guerre a été déclarée, c'est lui dont on a fait disparaître les derniers vestiges en proclamant presque partout le grand principe de notre Constitution de 1791 sur ce sujet.

Il en a été ainsi : en Italie en 1865 ; en 1868 et en 1870 en Portugal et en Espagne (où ce fut une tentative non encore parfaite) ; en 1874, en Suisse et au Mexique et, en 1875, en Allemagne.

Cette marche vers l'unité est un progrès et il est désirable qu'elle se généralise plus largement encore.

FIN

TABLE DES MATIÈRES

Préface. 1

Introduction. 3

Chap. I. Principes du droit international. 11
   § 1. Division du droit international. — Ses con-
      séquences. 11
   § 2. De la capacité des personnes d'après les lois
      étrangères. 15
   § 3. Du statut personnel. — Son application. —
      Conflit des lois à cet égard. 17
   § 4. Condition de la femme française mariée avec
      un étranger. 29
   § 5. Principes généraux touchant les formes du
      mariage au point de vue du droit interna-
      tional. 42
Chap. II. Principes du droit civil. 45
   Sect. 1. Du mariage considéré sous le rapport de
      la forme. 46
   Art. I. Par qui les actes sont-ils reçus. 46
      § 1. Autorités étrangères. 47
      § 2. Agents diplomatiques. 48
   Art. II. Dans quelle forme. 51
      § 1. Agents diplomatiques et consu-
      laires. 54
      § 2. Officiers de l'État-Civil étrangers. 58
   Art. III. Formalités du mariage d'après les lois
      étrangères. 59
   Art. IV. Des publications du mariage. 72
      § 1. Où doivent-elles être faites. 74
      § 2. Le défaut de publication entraine-
      t-il la nullité du mariage. 77

§ 3. Qui peut proposer cette nullité. . 85
Art. V. De la transcription des actes de mariage. 87
Sect. II. Du mariage considéré sous le rapport
du fond. 95
§ 1. Empêchements dirimants. 103
I. Age. 103
II. Liens d'un premier mariage. 107
III. Parenté. 109
§ 2. Empêchements prohibitifs. . . . 115
Sect. III. Des conventions matrimoniales. . . . 119

Chap. III. Du mariage des militaires. 124
§ 1. A quelles personnes s'appliquent
les règles spéciales. 128
§ 2. Dans quel cas et en quels lieux
sont-elles applicables. 129
§ 3. Quelles sont les formalités prescrites 134

Observations générales. 136

FIN DE LA TABLE

www.ingramcontent.com/pod-product-compliance
Ingram Content Group UK Ltd.
Pitfield, Milton Keynes, MK11 3LW, UK
UKHW021729090726
13657UKWH00002B/602